PONS

Texte schreiben

Spanisch

PONS GmbH
Stuttgart

Zu diesem Buch

Reden ist Silber, Schreiben ist Gold. Dieses Buch führt Sie zu Ihren eigenen spanischen Texten. Es hilft Ihnen dabei, sich kreativ und in allen wichtigen Genres schriftlich und mündlich korrekt auszudrücken. Bei der professionellen Vorbereitung eindrucksvoller Präsentationen ist es Ihnen ein zuverlässiger Ratgeber.

Die Leistungen dieses Buches im Überblick

Recherchieren, Strukturieren, Formulieren, Präsentieren

Texte richtig schreiben:
Im ersten großen Teil dieses Buches finden Sie nützliche Hilfestellungen für das Verfassen Ihrer spanischen Texte. Vorgefertigte Satzbausteine ermöglichen es Ihnen, peinliche Fehler von vornherein zu vermeiden und Texte zu schreiben, die *gut und richtig Spanisch klingen*. Formulierungshilfen erleichtern es Ihnen in *Aufsätzen, Textanalysen, Zusammenfassungen, Briefen* und *Bewerbungsschreiben* stilsicher den richtigen Ton zu treffen.

Gut zu wissen!
Das zweite Kapitel bietet Ihnen Infofenster mit *praktischen Tipps* und *zusätzlichen Informationen* zu speziellen Bereichen, die für die effiziente Vorbereitung und die fehlerfreie sowie formal korrekte Ausführung einer schriftlichen Arbeit zweckdienlich sind. Die Infofenster sind mit einem *i für Information* gekennzeichnet.

Richtig präsentieren:
Im dritten Kapitel erhalten Sie wertvolle Handreichungen zur Erstellung abgerundeter spanischsprachiger Präsentationen. So erfahren Sie, wie eine Präsentation idealerweise aufgebaut ist und profitieren von Antworten auf relevante technische Fragen, wie die nach der *Gestaltung eines überzeugenden Handouts* oder nach dem *optimalen Einsatz von Medien und Hilfsmitteln.*
Eine Zusammenstellung der wichtigsten Satzbausteine, geordnet nach Präsentationsphase und Redeabsicht, macht Sie fit für eine *flüssige und souveräne Darstellung*. Gleichzeitig werden Sie darin stark gemacht, Diskussionen zu leiten oder an ihnen teilzunehmen, überzeugend zu argumentieren und flexibel auf Einwände und Fragen zu reagieren.

Passgenauer Wortschatz

Thematische Wortschätze:
Hier finden Sie ausführliche und zu den wichtigsten Oberstufenthemen passende Wortschätze. (z. B. *Política, Lengua y Literatura*)

Deutsches Glossar:
Um Ihnen die Arbeit noch weiter zu erleichtern, bietet Ihnen dieses Buch am Ende ein deutsches Glossar mit Verweisen auf die Einträge in den thematischen Wortschätzen. *So finden Sie beim Formulieren ausgehend vom Deutschen schnell den korrekten spanischen Begriff.*

Training der Aussprache

MP3-Dateien zum kostenlosen Download:
Damit Sie bei Ihren Präsentationen und beim Diskutieren *mit einer guten spanischen Aussprache punkten*, stehen Ihnen alle Sätze und Wendungen aus dem Kapitel *Richtig präsentieren* als MP3-Dateien zum Nachhören und Nachsprechen zur Verfügung. Track-Nummern helfen Ihnen bei der Orientierung. Alle Hörbeiträge wurden selbstverständlich *von spanischen Muttersprachlern* gesprochen.

Die kostenlosen Hördateien im MP3-Format finden Sie unter:
www.pons.de/texte-schreiben-spanisch

Ihre erfolgreiche Spanischkarriere ist vorgezeichnet. Packen Sie es an!

I. Texte richtig schreiben

Intention des Autors erklären
Fundar la intención del autor

Es ist das Ziel des Autors / der Autorin ...	El objetivo del autor / de la autora es...
Die Hauptaussage dieses Textes ist ...	El mensaje principal del texto consiste en...
Der Autor / Die Autorin	El autor / La autora
informiert / gibt Auskunft / unterrichtet / teilt mit ...	nos informa / proporciona información / nos enseña / nos comunica...
beabsichtigt ...	tiene la intención...
möchte zeigen, dass ...	quiere mostrar / señalar que...
ist der Meinung, dass ...	defiende la opinión de que...
glaubt(, dass ...)	piensa que...
stellt heraus, dass ...	revela / expone que...
bezieht sich auf ...	se refiere a...
macht deutlich, dass ...	pone de relieve / hace ver que...
kommt zu dem Schluss, dass ...	llega a la conclusión de que...
möchte erreichen, dass ...	quiere conseguir / desea alcanzar que...
will Interesse wecken für / (den Leser / die Leserin) neugierig machen auf / sensibilisieren für ...	quiere despertar el interés por / despertar la curiosidad (del lector / de la lectora) sobre / sensibilizar respecto a...
plädiert (eindringlich) für ...	aboga (con énfasis) por ...
fordert ...	reivindica...
appelliert an die Leser / fordert die Leser auf, ...	hace un llamamiento / invita a los lectores a...
kritisiert / verurteilt(, dass ...)	critica / condena (que)...
warnt vor den Folgen.	advierte sobre las consecuencias.
möchte schockieren.	quiere escandalizar / causar extrañeza.
möchte provozieren / aufrütteln.	quiere provocar / desasosegar.
bricht mit Tabus.	rompe con (los) tabúes.
stellt die allgemein akzeptierte Meinung in Frage.	pone en duda la opinión aceptada por la inmensa mayoría.
bringt seine Angst / Überzeugung / Einsicht zum Ausdruck.	expresa / expone su miedo / convicción / comprensión.

Textelemente beschreiben
Describir las partes del texto

das Vorwort / die Einleitung / das Prolog / das Nachwort	el prefacio / la introducción / el prólogo / el epílogo
das Kapitel / der Abschnitt / die Passage	el capítulo / el párrafo/ el pasaje
der Satzanfang / das Satzende	el principio / el final de la frase
die Form / die Struktur des Textes betrachten	tomar en consideración la forma / la estructura del texto
Im ersten Abschnitt steht ...	En el primer párrafo se encuentra...
Der dritte Abschnitt bezieht sich auf ...	El tercer párrafo se refiere a...
In der letzten Textpassage wird deutlich, dass ...	En el último pasaje (del texto) se pone de manifiesto / se hace evidente que...
In der 50. Zeile findet sich folgende Formulierung ...	En la línea / el renglón 50 se encuentra / puede leer la expresión siguiente...
In Zeile 15 erfährt der Leser / kann man erkennen, dass ...	En la línea / el renglón 15° el lector reconoce que / se puede reconocer que...

Sprache kommentieren
Comentar el lenguaje empleado

Der Autor / Die Autorin	El autor / La autora
verwendet eine sachliche / nüchterne / klare Sprache.	emplea un lenguaje objetivo / sobrio / claro.
bedient sich einer bildhaften Sprache.	se sirve de un lenguaje cargado / lleno de imágenes.
bedient sich einer lebendigen / altmodischen Sprache.	se sirve de un lenguaje vivo / arcaico.
benutzt veraltete Ausdrücke / Fachausdrücke.	emplea expresiones arcaicas / términos técnicos.
integriert Slang / umgangssprachliche Elemente.	integra / introduce términos propios de la jerga / del lenguaje coloquial.
gebraucht viele / wenig Nebensätze.	hace uso de un gran / limitado número de oraciones subordinadas.
zeichnet sich durch seine Ausdruckskraft / Gewandtheit aus.	se caracteriza por su expresividad / habilidad.

Die Sprache des Autors / der Autorin zeichnet sich durch ihren lakonischen /eloquenten / vagen / zweideutigen / einfachen Stil aus.	El lenguaje del autor / de la autora se caracteriza por su estilo lacónico / elocuente / vago / ambiguo / simple.
Der Text	El texto
ist in der Alltagssprache geschrieben / verfasst.	está escrito / redactado en un lenguaje cotidiano.
ist knapp / sachlich / überschwänglich / ironisch formuliert.	está redactado con brevedad / objetivamente / exaltadamente / irónicamente.
weist zahlreiche schmückende Adjektive auf.	muestra gran número de adjetivos cuya única función es adornar.
hat einen komplexen / einfachen Satzbau.	tiene una sintaxis compleja / sencilla.
Die Sprache	El lenguaje
ist unmittelbar und lebendig.	es directo y muy vivo.
wirkt hektisch / sprunghaft / getragen / melodisch.	transmite una sensación de inquietud / de inconstancia / de lentitud / melódica.
Der Sprachstil ist gehoben / umgangssprachlich / literarisch.	El lenguaje empleado es propio del estilo culto / coloquial / literario.
Die Erzählung zeichnet sich durch die häufige Verwendung	La narración se caracteriza por el uso frecuente
der direkten Rede / indirekten Rede aus.	del estilo directo / indirecto.
von Dialogen aus.	de diálogos.
Der Satzbau ist elliptisch.	La construcción de la oración es elíptica.
Die Sätze stehen unverbunden nebeneinander.	Las frases se yuxtaponen unas a otras de forma inconexa.
Der Wortschatz ist begrenzt / technisch / sehr umfangreich.	El vocabulario utilizado es limitado / muy técnico / muy amplio.
Die Verbindung von gehobenem Stil mit Vulgärsprache erzielt einen komischen Effekt.	La mezcla del registro culto y del estilo vulgar logra un efecto cómico.
Die häufige Reihung von Adjektiven fällt auf.	La frecuente yuxtaposición de adjetivos llama la atención.

Ton eines Textes kommentieren
Comentar el tono del texto

Der Autor / Die Autorin schafft eine düstere / harmonische / bedrückende Atmosphäre.	El autor / la autora crea una atmósfera lóbrega / plena de armonía / agobiante.
Der Autor / Die Autorin schafft eine düstere / harmonische / bedrückende Stimmung.	El autor / la autora crea un estado de ánimo lóbrego / pleno de armonía /agobiante.
Der Text	El texto
enthält viele komische / sarkastische Elemente.	alberga un gran número de elementos cómicos / sarcásticos.
enthält auch erzählerische Passagen.	comprende también pasajes narrados.
Der Ton der Erzählung ist ernst / humoristisch / sarkastisch.	El tono (general) de la narración es serio / humorístico / sarcástico.
Der ironische Ton dieser Stelle steht in scharfem Kontrast zu ...	El tono irónico de este pasaje se encuentra en marcado contraste con...
Die anfängliche Stimmung schlägt plötzlich / im Verlauf des Textes um.	El estado de ánimo creado desde comienzo se altera bruscamente / a lo largo del texto.
Der Aufsatz ist sachlich und informativ / argumentativ / manipulativ.	En el ensayo impera el tono objetivo e / y informativo / argumentativo / manipulador.

Stilmittel kommentieren
Comentar los recursos retóricos

Der Autor / Die Autorin	El autor / La autora
bedient sich / macht Gebrauch von ...	se sirve de/ hace uso de...
gebraucht ... / wendet ... an.	emplea / recurre a...
benutzt hier dieses Bild / diese Metapher / diesen Vergleich, um zu zeigen ...	usa / utiliza aquí esta imagen / esta metáfora / esta comparación para mostrar...
verwendet ein Bild aus dem Bereich der Musik / des Kosmos / der Natur.	emplea una imagen del ámbito de la música / del universo / de la naturaleza.
vergleicht ... mit ...	compara... con...
Dieses Stilmittel unterstreicht / macht deutlich / veranschaulicht ...	Este recurso retórico subraya / pone de manifiesto / ilustra...
Dieses Bild / diese Metapher symbolisiert ... / steht für ...	Esta imagen / esta metáfora simboliza... / representa...

Ein gutes Beispiel für einen Euphemismus / ein Wortspiel ist ...	Un ejemplo claro de eufemismo / un juego de palabras es...
Die ungewöhnliche Metapher / Satzstellung / erregt die Aufmerksamkeit des Lesers.	El uso inusual de una metáfora / un orden inusual de los elementos oracionales despierta el interés del lector.
Die Wiederholung unterstreicht die Wichtigkeit dieser Stelle.	La repetición realza / pone de / en relieve la importancia de este pasaje.
(Die Rose) steht hier symbolisch für (die Liebe).	(La rosa) simboliza aquí / está aquí simbolizando (el amor).
Das Symbol verweist auf ...	El símbolo hace referencia a...
Das vom Autor gewählte Bild ...	La imagen escogida por el autor...
Der ironische Grundton des Textes wird deutlich.	El tono irónico del texto es más que claro / se hace claro.
Das Wortspiel / Die Untertreibung / Die Hyperbel erzielt einen komischen Effekt.	El juego de palabras / la hipérbole invertida / la hipérbole produce un efecto cómico.
Das Meer wird personifiziert.	El (elemento) mar se personifica.
In der Reihung erkennt man eine Steigerung.	En la yuxtaposición se reconoce el aumento.
Die bildhafte Sprache / die Metaphorik ist typisch für die Zeit / Epoche.	El rico lenguaje en imágenes / en metáforas es / típico de éste período / ésta época.
Die Form korrespondiert mit / entspricht / widerspricht dem Inhalt.	La forma corresponde / está en correspondencia con / está en contradicción con el contenido.

Bedeutung eines Textes kommentieren
Comentar el significado del texto

Der Text drückt aus / zeigt / spiegelt wider / enthüllt / macht deutlich ...	El texto expresa / muestra / refleja / revela / hace patente...
die Bedeutung eines Textes erklären	interpretar el significado de un texto
einen Text falsch interpretieren	interpretar un texto erróneamente
eine Interpretation des Textes bieten	ofrecer una interpretación del texto
Die Aussage / Die Bedeutung des Textes	El mensaje / El significado del texto
ist nur vor dem Hintergrund seiner Zeit verständlich.	solo se puede comprender en el contexto de su tiempo.
erschließt sich nur nach einer genauen Analyse der Symbolik / der Bildersprache.	solo se nos revela tras un análisis detallado de los elementos simbólicos / del lenguaje metafórico.

Für das Verständnis des Werkes ist dieser Aspekt von zentraler Bedeutung.	Este aspecto tiene una importancia central para entender la obra.
Der Leser findet zu diesem Gedicht nur schwer Zugang.	Este poema es de difícil comprensión para el lector.
Der Text spielt mit Bedeutungen / ist vielschichtig.	El texto juega con diferentes significados / nos revela múltiples perspectivas.
Der Roman	La novela
lässt sich nicht auf eine einfache Moral festlegen.	no se deja resumir en una simple moraleja.
entzieht sich einer eindimensionalen Betrachtungsweise.	escapa una visión unidimensional.
Das Drama funktioniert auf mehreren Ebenen.	La dinámica de la obra dramática se desarrolla en / a varios niveles.
Hier wird deutlich, dass die Meinung des Erzählers von der Meinung des Autors / der Autorin abweicht.	Aquí se hace evidente que la opinión del narrador difiere de la opinión del autor / de la autora.
... ist wesentlich für die Gesamtinterpretation.	... es de suma importancia para la interpretación general.
... muss aus der Perspektive des ... verstanden werden.	... tiene que ser entendido desde una perspectiva...
... muss wörtlich / in übertragenem Sinn verstanden werden.	... tiene que entenderse de una forma literal / en sentido figurado.
... endet offen / hat ein offenes Ende.	... tiene un final abierto.

Prosatexte kommentieren
Comentar textos en prosa

der Roman / die Geschichte / die Kurzgeschichte / die Erzählung / die Fabel	la novela / el cuento / la historia / la narración (corta) / la narración / la fábula
die Charaktere / die Figuren	los personajes / las figuras
die Hauptfigur	el personaje principal
die Nebenfigur	el personaje secundario
der Protagonist / die Protagonistin	el / la protagonista
der Held / die Heldin	el héroe / la heroína
der Antagonist / die Antagonistin / der Gegenspieler / die Gegenspielerin	el / la antagonista / el adversario / la adversaria
der Erzähler / die Erzählerin	el narrador / la narradora

der Ich-Erzähler	el narrador en primera persona
der Er-Erzähler	el narrador en tercera persona
der auktoriale Erzähler	el narrador omnisciente
die personale Erzählsituation	la situación narrativa personal
die Handlung	el argumento / la acción
der Handlungsverlauf	el desarrollo del argumento / de la acción
das Leitmotiv	el tema central / decisivo
Der Roman	La novela
behandelt das Thema ...	trata el tema (de)...
ist ein typisches Werk seiner Epoche.	es una obra típica de su época.
lässt sich in folgende Abschnitte gliedern ...	se puede dividir en las partes siguientes...
zeigt / handelt von ...	muestra / trata de...
hat eine Rahmenhandlung.	posee un marco argumental.
ist in der ersten / dritten Person verfasst.	está escrita en primera / tercera persona.
spielt in ... / basiert auf ...	tiene lugar en... / está basada en...
spielt in der Gegenwart.	se desarrolla en el presente / el ahora.
hat einen episodischen Aufbau.	desarrolla una estructura episódica.
Bei dem Roman handelt es sich um	Esta novela conforma
eine Dystopie.	una utopía negativa / distopía.
eine Utopie.	una utopía.
einen Bildungsroman.	una novela de aprendizaje / de formación.
ein Epos.	una novela épica.
einen Kriminalroman.	una novela policíaca / policial.
einen Science-Fiction-Roman.	una novela de ciencia ficción.
Die Geschichte	La historia / narración
ist aus der Perspektive eines ... / einer ... geschrieben / erzählt.	está narrada / escrita desde / a partir de la perspectiva de un... / una...
ist eine Ich-Erzählung.	es una narración en primera persona.
Der Autor / Die Autorin erzählt / schildert / beschreibt / verdeutlicht...	El autor / La autora narra / relata / describe / ilustra...
Der Autor / Die Autorin konstruiert eine Handlung ...	El autor / La autora (entre)teje / construye un argumento / una trama / una acción...

Der Roman hat einen auktorialen / allwissenden Erzähler.	La novela está narrada desde / a partir de la perspectiva de un narrador omnisciente.
indirekte Charakterisierung	caracterización indirecta / implícita
direkte Charakterisierung	caracterización directa / explícita
Die Figur wird durch ... charakterisiert.	La figura se caracteriza por / a partir de...
Das Äußere wird beschrieben / dargestellt.	El aspecto (físico) se describe / plasma.
Die Mutter erzählt eine Episode aus der Jugend der Heldin.	La madre narra un episodio de juventud de la heroína / protagonista.
Der Held beschreibt sich selbst als ...	El héroe / protagonista se describe a sí mismo como...
Das Hauptthema des Romans ist ...	El tema principal de la novela es...
Die Handlung spielt in ...	El argumento / La acción se desarrolla en...
Schon in der Einleitung wird die spätere Entwicklung angedeutet.	Ya en la introducción se insinúa / trasluce el desarrollo posterior.
Der Anfang vermittelt dem Leser die Welt des Romans.	El comienzo de la novela transmite al lector el mundo en el que se desarrolla la novela.
Hier erfährt die Handlung ihren Höhepunkt.	Aquí el argumento / la acción llega a su clímax / punto culminante.
Der Spannungsbogen wird jäh unterbrochen.	La tensión / emoción argumental se interrumpe de una forma abrupta.
Die Geschichte nimmt eine überraschende Wendung.	La historia / narración toma / da un giro inesperado.
Der zentrale Konflikt besteht in ...	El conflicto central consiste en...
Die Handlung entwickelt sich vor dem Hintergrund einer fantastischen / poetischen / beengten Welt.	El argumento / La acción se desarrolla sobre el trasfondo de un mundo fantástico / poético / oprimido.
Der Schluss ist unerwartet.	El final resulta inesperado.

Argumentative Texte kommentieren
Comentar un texto argumentativo

Der Autor / Die Autorin	El autor / La autora
behauptet ...	sostiene / afirma / asevera / asegura que ...
nimmt ... an.	supone / presupone...

unterstellt ...	atribuye...
hebt hervor / betont / unterstreicht ...	resalta / destaca / acentúa / subraya...
ist überzeugt, dass ...	está convencido / convencida de que...
legt (überzeugend) dar, dass ...	demuestra / expone (de forma convincente) (que)...
warnt vor ...	advierte / previene de...
schlägt vor(, dass) ...	propone / sugiere (que)...
setzt ... zueinander in Beziehung.	relaciona entre sí (a) ...
schlussfolgert / schließt ...	concluye / saca la conclusión (de que) ...
Dies wird durch ein Beispiel verdeutlicht / illustriert.	Este hecho se explicita / se ilustra / se aclara con un ejemplo.
Die These des Textes besteht in ...	La tesis del texto consiste en...
Die Antithese besagt, dass ...	La antítesis expresa (que)...
Am Schluss kommt der Autor / die Autorin zu folgender Synthese / Folgerung ...	Al final (del texto) el autor / la autora llega a / alcanza la siguiente síntesis / conclusión...

Expositorische Texte kommentieren
Comentar textos de opinión

Der Autor / Die Autorin	El autor / La autora
erörtert ...	discute / debate...
legt ... dar.	expone / demuestra...
erklärt Hintergründe.	analiza los hechos de fondo / el trasfondo.
erhellt Zusammenhänge.	saca a la luz temas relacionados entre sí.
veranschaulicht / beleuchtet / verdeutlicht ...	ilustra / focaliza / aclara / ejemplifica...
zeigt verschiedene Aspekte auf.	indica / muestra diferentes aspectos.
arbeitet die Problematik des / der ... heraus.	desarrolla la problemática del / de la...
diskutiert / handelt ab ...	discute / trata...
setzt sich mit der Fragestellung auseinander.	desarrolla a fondo el planteamiento.
wirft (eine Reihe von) Fragen auf.	plantea (una serie) de preguntas.

Der Text	El texto
behandelt das Thema ...	trata el tema...
befasst sich mit dem Thema ...	toca el tema...
berichtet über ...	informa sobre / refiere...
enthält auch erzählerische Elemente.	contiene también elementos narrativos.
fesselt die Aufmerksamkeit des Lesers / der Leserin durch ...	capta / mantiene el interés del lector / de la lectora gracias a...

Dramen kommentieren
Comentar una obra dramática

das Theaterstück / das Stück	la obra de teatro / la obra teatral / la comedia
die Tragödie	el drama / la tragedia
die Komödie / die Tragikomödie / die Farce	la comedia / la tragicomedia / la farsa
das historische / satirische / absurde / epische Theaterstück	el teatro histórico / satírico / del absurdo / épico
die Sittenstück	el teatro costumbrista
das romantische Stück / die Posse / das Zwischenspiel	la comedia romántica / la bufonada / el entremés
der Verfremdungseffekt / V-Effekt	el efecto de distanciamiento
der Dramatiker / die Dramatikerin	el dramaturgo / la dramaturga
die Aufführung	la representación (teatral)
die Bühne	el escenario
der Akt / die Szene	el acto / la escena
die Charaktere / die Figuren	los caracteres / las figuras
der Protagonist / die Protagonistin	el / la protagonista
der Antagonist / die Antagonistin	el / la antagonista
die Exposition / die Steigerung / der Wendepunkt / das retardierende Moment / die Katastrophe	la apertura / el aumento / el punto de inflexión / el momento tardío / la catástrofe
die Klimax / der Höhepunkt	el clímax / el punto culminante
das Dénouement / die Auflösung /die Offen-barung / der Schluss / das Ende / die Katharsis	el momento crítico / la resolución / la revela-ción / la conclusión / el fin(al) / la catarsis

Das Theaterstück handelt von …	La obra de teatro / teatral trata de...
Das Stück wurde in der Inszenierung von … (ur)aufgeführt.	La obra de teatro / teatral fue representada (por primera vez) con la escenificación de...
Das Bühnenbild ist absurd / karg / detailreich / aufwändig.	El decorado del escenario es absurdo / austero / rico en detalles / lujoso.
Der (Theater)schauspieler / Die (Theater)schauspielerin	El actor / La actriz de teatro / teatral
spielt die Rolle des / der …	actúa en el papel del / de la...
tritt auf / geht ab.	sale a / entra en escena.
geht ab.	sale de escena / hace un mutis.
hat einen langen Monolog.	tiene un monólogo / soliloquio extenso.
spricht Segismundos Monolog.	declama / dice el monólogo / soliloquio de Segismundo.
Die Struktur / Der Aufbau des Dramas …	La estructura / construcción de la obra dramática...
Im 5. Akt, 2. Szene …	En la 2ª escena / escena 2ª del 5º acto...
Am Ende des fünften Aktes …	Al final del quinto acto...
Die Einheit von Ort und Zeit ist in diesem Stück gegeben / nicht gewährleistet.	La unidad de lugar y tiempo se da / no se respeta en la presente obra de teatro.
der Handlungsbogen	el hilo argumental
der Spannungsbogen	el desarrollo del suspense / de la tensión dramática
Die Exposition endet nach der ersten Szene.	La exposición finaliza al concluir la primera escena.
Die Spannung steigt bis zum Wendepunkt / Höhepunkt immer mehr an.	La tensión aumenta progresivamente hasta llegar el punto de inflexión / el clímax.
Das Dénouement ist durch fallende Spannung gekennzeichnet.	El momento crítico se caracteriza por la tensión decreciente.
Das Stück endet mit der Lösung des zentralen Konflikts / mit der Katastrophe.	La obra de teatro finaliza con el desenlace del conflicto central / de la catástrofe.
Der Dialog ist …	El diálogo es...
Diese Äußerung ist als dramatische / tragische Ironie zu verstehen.	Esta declaración se ha de entender como una ironía dramática / trágica.
Die Figurenkonstellation des Dramas ist begrenzt / umfangreich.	La constelación de personajes en la obra de teatro es reducida / amplia.

Der Protagonist / Die Protagonistin kämpft für / repräsentiert / zerbricht an ...	El / La protagonista lucha por / representa / fracasa en su intento de...
Die Figur wird eingeführt, um die Spannung auf komische Art zu brechen.	Se presenta/ introduce al personaje para romper con la tensión de una forma cómica.
Die Beweggründe der Protagonistin werden erst in der Rückblende verständlich.	Los motivos de acción de la protagonista se hacen comprensibles a partir de la retrospectiva.
die Haupthandlung	el argumento / la acción principal
die Nebenhandlung	el argumento secundario / la acción secundaria
der Handlungsstrang	el hilo argumental / del argumento
Die Handlung wird durch die Nebenhandlung verzögert / unterbrochen.	El argumento principal se ve retardado / interrumpido por la acción secundaria.
Die Nebenhandlung spielt eine wichtige Rolle für die Interpretation des Stückes.	El argumento secundario juega un papel importante para la interpretación de la obra.

Lyrik kommentieren
Comentar obras líricas

die Lyrik	la lírica / la poesía
der Dichter / die Dichterin	el / la poeta / la poetisa
die Ballade / die Elegie / die Ode / die Romanze / das Sonett / der Zweizeiler / das Quartett	la balada / la elegía / la oda / el romance / el soneto / el pareado / el cuarteto
Das Gedicht	El poema
besteht aus ...	está compuesto por / se compone de...
ist in drei Strophen unterteilt / gegliedert.	se divide / desglosa en tres estrofas.
verzichtet auf eine strophische Gliederung.	prescinde de una estructura en forma de estrofas.
Die Strophe besteht aus vier Zeilen / Versen.	La estrofa está compuesta de cuatro versos.
In der zweiten Zeile ...	En el segundo verso...
Das Gedicht hat folgende Form ...	El poema encierra la siguiente forma...
Die Form / Struktur des Gedichts ist regelmäßig / unregelmäßig.	La forma / estructura del poema es regular / irregular.

Es handelt sich um ein konkretes Gedicht / konkrete Poesie.	Se trata de un caligrama / de lírica / poesía en forma de caligrama.
Der Dichter / Die Dichterin hat die Sonettform gewählt.	El / La poeta ha optado por la estructura del soneto.
der Reim / der Rhythmus / das Metrum	la rima / el ritmo / la métrica
Das Gedicht hat folgendes Reimschema ...	El poema se rige por la rima siguiente...
der Paarreim / der Kreuzreim / der freie Reim	la rima pareada / la rima cruzada / la rima libre
Der Dichter / Die Dichterin verwendet kein festes Reimschema.	El / La poeta no utiliza ninguna rima prefijada.
Die Silbe ist betont / unbetont.	La sílaba es tónica / átona.
An dieser Stelle weicht die Betonung vom Metrum ab.	En este punto difiere la entonación del esquema métrico.
Der unruhige / ruhige Rhythmus unterstreicht die aufgeregte / idyllische Stimmung.	El ritmo agitado / calmado subraya el estado de ánimo / talante desasosegado / idílico.
Das lyrische Ich schildert seine Gedanken und Empfindungen.	El yo lírico expone sus reflexiones y sentimientos.
Das Gedicht hat ... zum Thema.	El tema del poema es...
Ein immer wiederkehrendes Motiv ist ...	Un motivo que reaparece una y otra vez es...

Reden kommentieren
Comentar un discurso

Eine Rede vor dem Parlament / dem Kongress / einem großen Publikum halten.	Dar un discurso ante el parlamento / el congreso / frente a un numeroso público.
Eine Wahlrede / Rede zur Lage der Nation halten.	Dar un discurso electoral / discurso sobre la situación de la nación.
Der Redner / Die Rednerin	El orador / La oradora
erläutert seinen Standpunkt.	explica / aclara su punto de vista.
wirbt für ...	hace propaganda para...
möchte die Zuhörer aufrütteln.	quiere conmover / inquietar a los oyentes.
möchte die Zuhörer zum Handeln bewegen.	pretende movilizar a los oyentes.
verteidigt seine Einstellung.	defiende su punto de vista.
versucht die Zuhörer zu manipulieren / zu überzeugen / umzustimmen.	trata de manipular / de convencer / de persuadir al oyente.

greift seine Gegner an.	ataca / agrede a sus oponentes.
räumt Fehler ein.	reconoce sus errores.
verdreht / verzerrt die Wahrheit.	tergiversa / distorsiona la verdad.
wird polemisch.	entra en polémica(s).
benutzt viele rhetorische Fragen / Wiederholungen.	utiliza un gran número de preguntas retóricas / repeticiones.
Im Verlauf der Rede wird der Ton schärfer.	En el transcurso del discurso el tono es cada vez más tajante.

Ziel des Aufsatzes erörtern
Discutir el propósito del ensayo

der Aufsatz	el ensayo / la redacción
In dieser Arbeit / diesem Aufsatz möchte ich	En este ensayo / composición me gustaría
einen Aspekt / ein Thema beleuchten / veranschaulichen.	focalizar / ejemplificar / explicar un aspecto / un tema.
zeigen / belegen, dass ...	mostrar / demostrar que...
erreichen, dass ...	alcanzar / conseguir (que)...
informieren über ...	informar sobre / acerca de...
Interesse wecken für ...	despertar el interés por...
... diskutieren / erörtern.	discutir / debatir / aclarar / tratar...
... näher untersuchen.	analizar / examinar con detalle...
... zur Diskussion stellen.	plantear una discusión sobre...
Das Ziel dieser Arbeit ist es ...	El propósito / La finalidad de este ensayo es...
Ich möchte zunächst ..., bevor ich ...	En primer lugar me gustaría... antes de...
Diese Hypothese wird im Verlauf der Arbeit noch näher untersucht werden.	Esta hipótesis se analizará / examinará con detalle en el transcurso del presente ensayo.
Mit diesem Aufsatz / dieser Arbeit möchten wir zum Nachdenken anregen.	Con este ensayo nos gustaría incitar a la reflexión.

Ein Argument anführen
Presentar un argumento

Als Erstes / Zunächst	En primer lugar / Antes de / que nada / Primero que todo
möchte ich herausstellen / betonen / anführen, dass ...	me gustaría exponer / subrayar / presentar que...
muss erwähnt werden, dass ...	se debe hacer mención (de que)...
Erstens ..., zweitens ..., drittens ...	Primero..., segundo..., tercero...
Es ist immer behauptet worden, dass ...	Siempre se ha sostenido (de) que...
Einer der wichtigsten / zentralen Punkte ist der folgende: ...	Uno de los puntos de mayor importancia / centrales es el siguiente...
Nehmen wir zunächst einmal an, dass ...	Supongamos en primer lugar que ...
Zunächst einmal / Als Erstes möchte ich ... anführen.	En primer lugar me gustaría presentar / introducir...
Es muss aber auch erwähnt werden, dass ...	Pero también es necesario mencionar que...

Weitere Argumente hinzufügen
Añadir más argumentos

des Weiteren / außerdem	por lo demás / además
Zudem ist wichtig, dass ...	Aparte de eso / además es importante (que)...
Dabei sollte man nicht vergessen ...	Al mismo tiempo no se debería de olvidar que / de que...
Zusätzlich dazu ...	Junto a es(t)o...
Hinzu kommt, dass ...	A esto / eso se le añade (que)...
Ein weiterer wichtiger Punkt ist ...	Otro punto importante / de importancia es...
Auch das sollte nicht vergessen werden.	Y tampoco este punto debería de olvidarse.
Dies wirft weitere Fragen auf.	Este punto plantea otras / más preguntas.
Darüber hinaus sollte nicht unerwähnt bleiben, dass ...	Además no tendría que dejarse de mencionar (que)...
Übrigens / Apropos / Nebenbei bemerkt ...	Por lo demás / Por cierto / Además...
Dies sei nur am Rande / nebenbei bemerkt.	Este punto sea mencionado solo como nota de pie de página / entre paréntesis / de paso.

Argumente verknüpfen
Relacionar argumentos

Ein weiterer wichtiger Punkt ist der folgende: ...	Otro punto importante es el siguiente...
An dieser Stelle ist ... interessant / darf ... nicht fehlen.	Aquí es interesante / no se puede dejar de mencionar...
Das bringt uns zu einem anderen Aspekt.	Este punto nos lleva a otro aspecto.
Ganz ähnlich / Ganz anders verhält es sich mit ...	Ocurre de manera (muy) similar / totalmente distinta con...
Ich möchte das Ganze noch von einer anderen Seite beleuchten.	Me gustaría analizar toda la problemática desde una perspectiva diferente.
Das führt zu einem weiteren Problem.	Este punto lleva /conlleva a otra problemática.
Es sollte ebenfalls erwähnt werden, dass ...	Del mismo modo debería mencionarse que...
Einerseits ..., andererseits ...	Por un lado,... por; otro (lado),...
jedoch / nichtsdestoweniger	sin embargo / no obstante
Man kann jedoch / allerdings dagegenhalten ...	Con todo / Sin embargo / Por otra parte se puede objetar (que)...
jedenfalls	en todo caso / de todas formas

Ein Argument in Frage stellen
Cuestionar la validez de un argumento

Es gibt Zweifel / Hier erscheinen Zweifel angebracht.	Se puede dudar sobre... / Respecto a este punto sería apropiado poner en duda que...
ein berechtigter Zweifel	una duda fundada
Dies muss hinterfragt werden.	Este asunto se puede poner en tela de juicio.
Diese Behauptung kann nicht einfach so hingenommen werden.	Esta afirmación no se puede aceptar así tal cual / simplemente.
Dies ist nur scheinbar eine logische Folgerung.	Este punto aparentemente es solo una conclusión lógica.
Dies scheint nur auf den ersten Blick ein stichhaltiges Argument zu sein.	Solo a primera vista parece éste un argumento convincente.
Die Schlussfolgerung überzeugt nicht.	La conclusión no es (nada) convincente.

Dies wirft grundlegende Probleme auf.	Este punto plantea una serie de problemas fundamentales.
Hier stellt sich die Frage, ob ...	Aquí se plantea la pregunta de si...
Die Argumentation ist problematisch / fragwürdig.	Se trata de una argumentación problemática / poco convincente.

Die andere Seite des Arguments
La otra cara del argumento

Einerseits ..., andererseits ...	Por un lado,... por otro (lado),...
auf der anderen Seite / demgegenüber	por otra parte / frente a lo dicho
Im Gegensatz dazu ...	Por el contrario...
Ist diese Erklärung wirklich die einzig mögliche?	¿Es esta explicación verdaderamente la única posible?
Ist das die einzig mögliche Schlussfolgerung?	¿Es esta la única conclusión posible?
Der Autor / Die Autorin muss sich fragen lassen ...	El escritor / La escritora tiene que cuestionarse / preguntarse (si)...
Es könnte doch auch anders sein.	Pero también podría ser de otra forma.
Der Autor / Die Autorin argumentiert, dass ..., es ließe sich aber auch das Gegenteil behaupten.	El escritor / La escritora argumenta (con) que..., pero también se podría sostener / afirmar lo contrario.
Lässt sich damit rechtfertigen, dass ... ?	¿Se puede así justificar (que)...?
Ist das Problem hiermit wirklich erschöpfend behandelt?	¿Se ha tratado realmente toda la problemática a fondo?
Selbst wenn dem so wäre, ...	Incluso aunque así fuera / fuese...

Die ausgewogene Argumentation
Una argumentación equilibrada

Man sollte jedoch nicht vergessen / außer Acht lassen, dass ...	Sin embargo no se tendría que olvidar / dejar de mencionar que / dejar de lado...
Ein zusätzlicher Faktor sollte in Erwägung gezogen / berücksichtigt werden.	Se tendría que tomar en consideración / tener en cuenta un factor adicional.
Man muss bedenken, dass ...	Se tiene que considerar que...
Es muss in Betracht gezogen werden, dass ...	Se ha de tener en cuenta (que)...

Selbst wenn (dem so ist), sollte man nicht ...	Incluso si así fuera no se debería...
Das schließt jedoch nicht aus, dass ...	Sin embargo esto no excluye (que)...
Wir sollten uns jedoch auch fragen, ob ...	Sin embargo también tendríamos que preguntarnos si...
Man muss dabei beachten, dass ...	También se tiene que tener presente que...
Nach Abwägung aller Fakten ...	Tras la ponderación de todos los hechos...

Ein Argument ablehnen oder widerlegen
Rechazar o refutar un argumento

ein unhaltbares / haltloses Argument	un argumento inconsistente / infundado
ein unumstößliches / unwiderlegbares Argument	un argumento irrefutable / irrebatible
eine unbewiesene Behauptung	una afirmación dudosa / cuestionable
Es ist unwahrscheinlich, dass ...	Es improbable que...
Es ist undenkbar / unvorstellbar, dass ...	Es inconcebible / inimaginable que...
Dies erscheint weit hergeholt / fragwürdig.	Este punto resulta descabellado / discutible.
Dieser Bericht ist irreführend / hält einer genaueren Untersuchung nicht stand.	Este informe / reportaje conduce a equívoco / no resistiría un análisis en profundidad.
Die Fakten sind aus der Luft gegriffen.	Los hechos son pura inventiva.
Dies stimmt nur teilweise.	Esto solo es cierto en parte.
Ich stimme X nicht zu.	No estoy de acuerdo con X.
Im Gegensatz zu X bin ich der Auffassung / Meinung, dass ...	Al contrario de X no soy de la opinión / opino / pienso que...
Ich teile die Auffassung des Autors / der Autorin nicht, weil ...	No comparto la opinión del escritor / de la escritora porque / ya que...
Das Gegenteil ist der Fall.	Es justo el caso contrario.

Ein Argument unterstützen
Apoyar un argumento

Ich bin der gleichen Auffassung / Meinung wie X.	Soy de / Tengo la misma opinión que X.
Ich unterstütze die Auffassung ...	Apoyo / Defiendo la opinión / la concepción...

Genau wie der Redner / die Rednerin denke / glaube ich auch, dass ...	Al igual que el orador / la oradora también pienso / soy de la opinión que...
Ich schließe mich der Argumentation des Autors / der Autorin an.	Me adhiero a / me sumo a la argumentación del escritor / la escritora.
Ein überzeugendes / einleuchtendes / schlagkräftiges / schlüssiges Argument für ...	Un argumento convincente / obvio / contundente / concluyente para / respecto a...
Ein wichtiger / entscheidender / ausschlaggebender Grund für ...	Un motivo importante / crucial / decisivo para...
Es erscheint mir vernünftig / überzeugend.	Me parece razonable / convincente.
Ein Argument, das diese Theorie bestätigt ...	Un argumento que ratifica esta teoría...
X vermag hier voll und ganz zu überzeugen.	Aquí X es capaz de convencer por completo.

Analyse anbieten
Ofrecer un análisis

Auf diesen Punkt möchte ich näher eingehen.	Quisiera desarrollar con detenimiento este punto.
Hier ist eine Untersuchung der Sprache / der Bilder besonders interessant / aufschlussreich.	Un estudio / análisis del lenguaje / de las imágenes sugeridas aquí, es particularmente interesante / revelador.
Überlegen wir einmal, warum / wie / ob ...	Reflexionemos por un momento por qué / cómo / si...
Hier muss man nach den Gründen fragen.	Aquí uno se ha de preguntar por las razones.
Die Beweggründe sollten an dieser Stelle näher untersucht werden.	Llegado este punto se han de analizar los motivos de acción más detalladamente.
Ich gehe davon aus, dass ...	Parto de la base de que...
Lassen Sie uns einmal annehmen, dass ...	Supongamos por un momento que...
Wie verhält es sich mit ...?	¿Qué ocurriría si...?
Man kann annehmen, dass ...	Se puede suponer que...
Hiermit ist nicht gemeint, dass ...	Con esto no se quiere decir que...
Ich möchte klarstellen / deutlich machen / verdeutlichen, dass ...	Me gustaría aclarar / explicar / ilustrar (que)...
Hierbei sollte man ... in Betracht ziehen / berücksichtigen.	Al respecto se tendría que tener en cuenta / considerar (que)...

Begründen und aufzählen
Hacer declaraciones y dar razones

weil / da	porque / ya que
aufgrund	a causa de / debido a
deshalb / deswegen / daher	por lo tanto / por consiguiente / así pues
ein Grund dafür	una razón / un motivo a (su) favor
Es überrascht kaum, dass ...	No supone una sorpresa (que)...
zunächst (einmal) / zuerst	ante todo / en primer lugar
Erstens..., zweitens ... drittens...	Primero..., segundo..., tercero...
auch	también / asimismo
außerdem	además / así como
darüber hinaus	aparte de es(t)o
nebenbei bemerkt	dicho sea de paso / entre paréntesis
entsprechend	respectivo / respectivamente
nicht nur ... , sondern auch ...	no solo... sino también...
allerdings / andererseits	no obstante / por otro lado
jedoch	sin embargo / pero
während	mientras (que)
vor allem / besonders	sobre todo / en particular
des Weiteren	además / asimismo / igualmente
schließlich	al fin y al cabo / en conclusión
zum einen ... zum anderen ...	por un lado... por otro (lado)...
entweder ... oder ...	o (bien)... o...
alternativ / wahlweise	optativo / alternativamente

Parallelen aufzeigen
Establecer paralelismos

An dieser Stelle / In diesem Zusammenhang sollte auch erwähnt werden, dass ...	En este punto / En este contexto también tendría que mencionarse (que)...
Es darf nicht unerwähnt bleiben, dass ...	No tiene que quedar sin mencionar que...
Ähnlich wie ...	Semejante a...
Sowohl ... als auch ...	Tanto... como...
Dies gilt nicht nur für ..., sondern auch für ...	Esto no es solo válido para... sino también para...

Das bezieht sich auch auf ...	Este punto se refiere también a...
Dies trifft für ... gleichermaßen zu.	Esto es válido para... de igual forma.
Hier kann man durchaus Vergleiche / Parallelen ziehen.	Aquí se pueden establecer sin duda una serie de comparaciones / paralelismos.
Vergleichbares findet sich auch bei ...	Algo comparable / similar se encuentra en...

Verdeutlichen und umformulieren
Clarificar y volver a formular

Anders ausgedrückt ...	Dicho de otra forma / Para decirlo de otra manera...
Ich möchte es einmal so formulieren ...	Me gustaría formularlo de la siguiente manera...
Mit anderen Worten ...	Dicho en otras palabras...
Das bedeutet ...	Es(t)o significa (que)...
Das heißt ...	Es(t)o quiere decir que...
nämlich	es decir / o sea
Um es noch einmal ganz klar zu sagen ...	Para expresarlo una vez más de forma muy clara...
Einfach gesagt / formuliert ...	Dicho / Formulado de forma simple...
Konkret gesprochen ...	En concreto...
Hiermit ist gemeint, dass ...	Aquí me refiero a que...
Wörtlich bedeutet das ...	Literalmente significa...
Es kommt auf dasselbe heraus.	Se llega a la misma conclusión.

Beispiele anführen
Ilustrar con ejemplos

zum Beispiel	por ejemplo
Dies sehen wir bei ...	Esto lo vemos en...
Das wird deutlich bei / wenn ...	Este punto se hace patente en... / cuando...
Um diesen Punkt zu verdeutlichen ...	Para aclarar este punto...
an einem Beispiel veranschaulichen / deutlich machen	ilustrarlo / hacerlo patente con un ejemplo
ein konkretes / einleuchtendes / überzeugendes Beispiel	un ejemplo concreto / obvio / convincente
ein Beispiel aus dem Bereich der Medizin / Musik	un ejemplo del campo de la medicina / música

Dies lässt sich anhand eines Beispiels belegen.	Este hecho se deja corroborar con un ejemplo.
ins Detail gehen	entrar en detalles

Eine These aufstellen
Plantear una teoría

Ich vermute / nehme an / glaube, dass ...	Supongo / presumo / pienso que...
Ich gehe zunächst von der Vermutung / Annahme aus, dass ...	En primer lugar parto de la suposición / del supuesto (de) que...
Ich möchte die These aufstellen ...	Desearía plantear la teoría...
Ich möchte die Vermutung in den Raum stellen, dass ...	Me gustaría exponer la tesis / la suposición de que...
Man darf wohl behaupten, dass ...	Se puede afirmar que...
Ich möchte als Arbeitshypothese Folgendes formulieren: ...	Desearía formular la siguiente hipótesis de trabajo...
Aufgrund des bisher vorhandenen Datenmaterials, gehe ich davon aus, dass ...	Haciendo uso de todo el material disponible hasta ahora puedo partir de la base de que...
Die Entwicklungen der letzten Zeit lassen vermuten, dass ...	La evolución de los últimos tiempos / años deja suponer que...

Zitieren
Citar

Der Autor / Die Autorin ist der Meinung, dass ...	El autor / La autora es de la opinión que...
Um *[Name]* zu zitieren: „ ... "	Para citar a *[Nombre]*: "..."
In den Worten von *[Name]*: „ ... "	Para decirlo con las palabras de *[Nombre]*: "..."
[Name] schreibt in seinem / ihrem Aufsatz / Buch *[Titel]* ...	*[Nombre]* escribe en su ensayo / libro *[Título]* ...
[Name] weist darauf hin, dass ...	*[Nombre]* señala / apunta que...
[Name] stellt in seinen / ihren Veröffentlichungen wiederholt die These auf, dass ...	*[Nombre]* plantea repetidamente en sus publicaciones / trabajos la tesis de que...
Wie *[Name]* bereits in seinem / ihrem letzten Aufsatz erwähnte ...	Tal y como *[Nombre]* mencionaba / declaraba en su último ensayo...
Im Leitartikel von El País vom 14.02.2008 wird ein wichtiger Aspekt angesprochen.	En la editorial de El País del 14.02.2008 se hace mención a un aspecto importante.

Auf Seite 26 des Buches *[Titel]* von *[Name]* aus dem Jahr 2003 finden wir folgende Bemerkung: ...	En la página 26 del libro *[Título]* de *[Nombre]*, publicado el año 2003, se puede encontrar la siguiente observación / declaración...
Im Gegensatz zu dem, was *[Name]* in seinem Aufsatz behauptet ...	Al contrario de lo que sostiene *[Nombre]* en su ensayo...
Hiermit darf die These von *[Name]* als widerlegt gelten, dass ...	Y así se puede dar por rebatida la tesis de *[Nombre]* consistente en (que)...
Eine unbelegte Behauptung, die von *[Name]* in den Medien immer wieder verbreitet wird ...	Una afirmación no corroborada de *[Nombre]* que sigue cursando (continuamente) en los medios de comunicación...
[Name] ließ ... verlautbaren.	*[Nombre]* dejó publicar...

Eine persönliche Meinung angeben
Expresar una opinión personal

Meiner Meinung nach ...	Según mi opinión...
Meines Erachtens ...	A mi juicio...
Ich glaube, dass ...	(Yo) considero / pienso que...
Ich vermute, dass ...	(Yo) supongo que...
Ich bin der Ansicht / der Meinung / der Auffassung ...	(Yo) soy de la opinión / postura / concepción...
Was mich betrifft ...	En lo que a mí concierne...
Es steht für mich unzweifelhaft fest, dass ...	Para mí no hay duda (alguna) de que...
Ich halte es für sehr wahrscheinlich, dass ...	A mi juicio es muy probable que...

Eine persönliche Bewertung ausdrücken
Expresar un juicio personal

bedauerlicherweise	desafortunadamente / lamentablemente
leider	desgraciadamente
Was es noch schlimmer macht ...	Lo que lo hace aún más grave...
Es ist beunruhigend / erschreckend ...	Es desconcertante / inquietante...
Es überrascht die Tatsache, dass ...	Es sorprende el hecho de que...
erstaunlicherweise / seltsamerweise	sorprendentemente / curiosamente
glücklicherweise / erfreulicherweise	por suerte / afortunadamente
eine erfreuliche Entwicklung	una evolución grata / satisfactoria

Die öffentliche Meinung zitieren
Citar la opinión pública

Es ist allgemein bekannt, dass ...	Es sabido / Por todos es conocido que...
Oft hört man die Ansicht, dass ...	A menudo se suele oír la opinión de que...
Viele meinen / glauben ...	Muchos opinan / creen...
Die Mehrheit ist der Meinung, dass ...	La mayoría opina que...
Bisher wurde immer davon ausgegangen, dass ... Ich halte diese Annahme jedoch für falsch, da ...	Hasta ahora siempre se partió de la base de que... Sin embargo yo sostengo que esa suposición es falsa / errónea ya que...
Es wird allgemein angenommen / vermutet, dass ...	En general se suele suponer / opinar que...
Die meisten von uns glauben / gehen davon aus, dass ...	La mayoría de nosotros piensa que / parte de la base de que...
Die öffentliche Meinung ist für / gegen ...	La opinión pública es partidaria de / está en contra de...
Es herrscht eine starke Tendenz dies so zu sehen.	Impera / Predomina la tendencia de pensar que...
In wissenschaftlichen / informierten / politischen Kreisen geht man davon aus, dass ...	En círculo científicos / bien informados / políticos se parte de la base de que...
Es wird in letzter Zeit häufig / kontrovers diskutiert, ob ...	De un tiempo a esta parte se discute con frecuencia / existe la controversia si...
Die Stimmung ist aufgeheizt / kühl / freundlich.	El ánimo /ambiente está caldeado / es frío / afable.
Eine von den Medien verbreitete Meinung ...	Una opinión difundida por los medios de comunicación...
Dieser Irrglaube ist allgemein verbreitet.	Esa falsa creencia está muy extendida.

Einräumen
Admitir algo

zugegebenermaßen	dando por hecho / sentado...
obwohl / obgleich / wenn auch	aunque / a pesar de que / aun cuando
schließlich	al fin y al cabo / en conclusión
nichtsdestoweniger	no obstante / sin embargo
trotz	a pesar de / pese a

trotzdem	sin embrago / no obstante / a pesar de que
jedoch / hingegen	sin embargo / al contrario
aber	pero / mas / o bien
allerdings	sin duda
dennoch	a pesar de / no obstante
Im Großen und Ganzen stimme ich zu, aber ...	En líneas generales estoy de acuerdo, pero...
Ich möchte dennoch zu bedenken geben, dass ...	No obstante me gustaría objetar / señalar (que)...
Die Tatsache bleibt, dass ...	Permanece / Continúa el hecho de que...
Es ist sicherlich richtig, dass ...	Seguramente sea cierto / correcto que...
Es bleibt ein Nachgeschmack.	Deja un sabor en la boca.

Verallgemeinern
Generalizar

im Allgemeinen	en general
normalerweise	normalmente / habitualmente
in der Regel	por regla general
Dies lässt sich übertragen auf ... / verallgemeinern.	Se podría transpolar a / generalizar con respecto a...
Generell lässt sich sagen ...	En general se puede decir / afirmar...
Dies gilt nicht nur für ... sondern auch ...	Y esto no es solo válido para... sino también para...
Dies gilt allgemein.	En general se considera que...
Für die große Mehrheit ...	Para la inmensa mayoría...

Zusammenfassen
Resumir

Zusammenfassend lässt sich sagen, dass ...	En resumen se podría decir (que)...
Alles in allem ...	En resumen / En definitiva...
insgesamt	en total
Kurz gesagt ...	Dicho en pocas palabras...
Unter dem Strich ...	A fin de cuentas...

Um es auf den Punkt zu bringen ...	Para sintetizar...
Ich möchte das Wesentliche noch einmal zusammenfassen.	Me gustaría resumir una vez más lo fundamental.
Ganz wesentlich / wichtig ist hier ...	Lo (más) esencial / importante aquí es...

Schlussfolgerungen ziehen
Sacar conclusiones

deswegen / deshalb	por lo tanto / por es(t)a razón / por es(t)o
aufgrund dessen	a causa de / debido a
Hieraus lässt sich schließen / ersehen, dass ...	Partiendo de este punto se puede concluir / deducir que...
Hier zeigt sich, dass ...	Aquí se ve / se demuestra que...
Ich komme zu folgendem Schluss ...	(Yo) llego a la siguiente conclusión...
Es ergeben sich folgende Schlussfolgerungen / Konsequenzen ...	Se dan las siguientes conclusiones / consecuencias...
Als Konsequenz ergibt sich für mich ...	Para mí resulta como consecuencia...
Als Fazit lässt sich ziehen ...	La conclusión que se saca es...
Es hat sich herauskristallisiert / deutlich gezeigt, dass ...	Se ha hecho patente / mostrado claramente que...
Hieraus ergibt sich zwangsläufig ...	A partir de aquí resulta obligadamente...
Nach sorgfältiger Abwägung der Argumente lässt sich sagen, dass ...	Tras una consideración meticulosa de los argumentos se puede decir / afirmar que...
Im Großen und Ganzen ...	En líneas generales / Después de todo...
Wenn man alles in Erwägung zieht ...	Si se tiene en cuenta / toma en consideración la totalidad...
Es kann kein Zweifel bezüglich ... bestehen.	No puede haber duda alguna respecto a...
Die Fakten lassen nur einen Schluss zu.	Todos los hechos apuntan a una misma conclusión / dirección.

Persönliche Meinungen angeben
Expresar opiniones personales

Meiner Meinung / Ansicht nach ...	(En) mi opinión / Según mi punto de vista...
Meiner Überzeugung nach ...	Tengo la convicción / Estoy convencido (de) que...
Meines Erachtens ...	A mi juicio / entender / parecer ...
Ich glaube / denke / vermute / meine, dass ...	Yo creo / pienso / supongo / opino que...
Ich bin der Ansicht / der Auffassung, dass ...	Yo soy de la opinión / del parecer que...
Ich bin der Meinung ...	A mi juicio/ En mi opinión ...
Ich stehe auf dem Standpunkt, dass ...	Parto de la base / del hecho que...
Was mich betrifft, bin ich der Auffassung, dass ...	Respecto a lo que a mí me concierne, soy del parecer / de la opinión que...
Ich persönlich halte dies für unwahrscheinlich / überzeugend / richtig.	Personalmente doy este hecho por improbable / convincente / adecuado.
Ich bin überzeugt, dass ...	Estoy convencido / convencida de que...
Es steht für mich unzweifelhaft fest, dass ...	Para mí no hay duda de que...
Ich halte es für sehr wahrscheinlich / äußerst unwahrscheinlich, dass ...	Creo que es muy probable / extremadamente improbable que...

Die Meinung eines anderen angeben
Presentar otro punto de vista

Laut / Nach *[Name]* ...	De acuerdo con *[Nombre]*...
[Name] zufolge ...	Según *[Nombre]*...
[Name]	*[Nombre]*
sagt / schreibt ...	dice / escribe...
meint / glaubt / vermutet ...	opina / cree / supone...
behauptet ...	sostiene / asegura...
gibt an ...	indica...
ist der Meinung / Auffassung, dass ...	defiende la postura / el parecer que...
betont ...	destaca...
plädiert für / gegen ...	aboga a favor de / en contra de...
Es wird allgemein angenommen / vermutet, dass ...	Generalmente se suele aceptar / se supone que...

Es kann kein Zweifel bestehen, dass ...	No puede haber duda respecto a que...
Viele meinen / glauben, dass ...	Muchos opinan / piensan que...
Die öffentliche Meinung ist für / gegen ...	La opinión pública está a favor de / en contra de...
Die Stimmung ist aufgeheizt / kühl / freundlich.	El ambiente es / está exaltado / frío / amigable.
Es herrscht ein starke Tendenz dies so zu sehen.	Impera una fuerte tendencia a considerar este hecho / es(t)o así.
In wissenschaftlichen / informierten / politischen Kreisen geht man davon aus, dass ...	En círculos científicos / bien informados / políticos se parte de la base de que...

Zustimmung ausdrücken
Expresar acuerdo

Ich stimme mit dem Autor / der Rednerin / der Dichterin überein.	Estoy totalmente de acuerdo con el autor / con la oradora / con la poeta.
Ich stimme *[Name]* zu, wenn er /sie sagt / schreibt, dass ...	Estoy de acuerdo con *[Nombre]* cuando dice / escribe que...
... findet meine volle Zustimmung.	... goza de / cuenta con mi absoluto consenso.
Dem schließe ich mich an.	Me sumo a su opinión.
Dagegen ist nichts einzuwenden.	No hay nada que objetar a eso.
Der Autor / Die Autorin	El autor / La autora
stellt völlig zu Recht fest, dass ...	hace constar con toda la razón que...
hat sicherlich Recht, wenn er / sie sagt ...	tiene con toda probabilidad razón cuando afirma que...
Ich schließe mich in diesem Punkt der Auffassung / Argumentation von *[Name]* an.	Llegado a este punto me sumo a la opinión / a la argumentación de *[Nombre]*.
Noch ein weiterer Punkt spricht für diese Auffassung.	Todavía hay un hecho más a favor de esa opinión.
Der Redner / Die Rednerin legt überzeugend dar, dass ...	El orador / La oradora expone de manera convincente que...
Ich halte die Auffassung / Argumentation für plausibel / überzeugend.	Considero que la opinión / la argumentación es plausible / convincente.

Die Argumentation ist (absolut) überzeugend / schlüssig / plausibel / einleuchtend.	La argumentación es (del todo) convincente / concluyente / plausible / obvia.
Das ist ein schlagkräftiges / stichhaltiges / überzeugendes Argument.	El argumento es contundente / está bien fundado / es convincente.
Auch dies spricht für / unterstützt die Auffassung von *[Name]*.	Este punto también aboga en favor / apoya la concepción de *[Nombre]*.

Ablehnung ausdrücken
Expresar desacuerdo

Ich stimme mit dem Autor / der Rednerin / der Dichterin nicht überein.	No estoy de acuerdo / Estoy en desacuerdo con el autor / la oradora / la poeta.
Ich kann die Auffassung von *[Name]* nicht teilen.	No puedo compartir la opinión de *[Nombre]*.
Ich stimme *[Name]* nicht zu, wenn er / sie sagt / schreibt, dass ...	No estoy de acuerdo con la opinión de *[Nombre]* cuando dice / escribe que...
Der Redner / Die Rednerin kann nicht überzeugen, wenn er / sie sagt, dass ...	El orador / La oradora no es capaz de convencer cuando expone que...
... überzeugen mich nicht.	...no son capaces de convencerme.
Ich halte diese Argumentation für falsch.	Creo que esta argumentación es equívoca.
Die Argumentation ist	La argumentación es
(sehr) fragwürdig.	(muy) inconsistente.
(sehr) zweifelhaft.	(muy) dudosa.
(sehr) umstritten.	(muy) polémica / controvertida.
stichhaltig.	convincente.
inakzeptabel.	inaceptable.
zwingend.	obligatoria.
nur auf den ersten Blick überzeugend.	(solo) a primera vista es convincente.
zu oberflächlich.	demasiado superficial.
Dieses Argument	Este argumento
ist wenig überzeugend.	es poco convincente.
verfälscht die Tatsachen.	falsea los hechos / los datos reales.
greift zu kurz.	se queda corto.
Ich habe dagegen einiges einzuwenden.	Tengo varios puntos que objetar.

Noch ein weiterer Punkt spricht gegen diese Auffassung.	Todavía hay un hecho más en contra de esa opinión.
Hier lässt sich jedoch einwenden, dass ...	Sin embargo, alcanzado este punto, se puede objetar que...
Dies stimmt nicht immer / notwendigerweise.	Esto no es siempre / necesariamente cierto.
Ich stehe dem skeptisch / ablehnend gegenüber.	Me encuentro en / Tengo una posición escéptica / contraria al respecto.
Ich bezweifle das.	Pongo en duda este hecho / es(t)o.
Ich lehne diese Argumentation / Auffassung ab.	Me opongo a / Rechazo esta argumentación / esta opinión.
Davon halte ich nichts.	No tengo ninguna consideración por esto.

Verallgemeinern
Generalizar

im Allgemeinen	en general
in der Regel	por regla general
im Großen und Ganzen	en general
Prinzipiell lässt sich sagen, dass ...	En principio se puede afirmar / decir que...
grundsätzlich	fundamentalmente
im Grunde	básicamente
generell	generalmente
meistens / größtenteils	casi siempre / (en) la mayoría de las veces
alles in allem	en resumen / en definitiva
Dies lässt sich auch übertragen auf ...	Este hecho también se puede extrapolar / transmitir a...
im Normalfall / normalerweise	habitualmente / normalmente

Kurz und knapp
De forma clara y concisa

Zusammenfassend lässt sich sagen ...	Resumiendo se podría decir que...
Kurz (gesagt) ...	(Dicho) de forma breve...
Kurzum ...	En suma...
Im Wesentlichen ...	En lo esencial...

Um es kurz zu machen ...	Para ser breve / Para abreviar...
Um es einfach zu sagen ...	Para decirlo de una forma fácil...
Einfach ausgedrückt ...	Expuesto de forma simple...
Das lässt sich auf folgende / die knappe Formel bringen ...	Esto se resume de la siguiente forma / de forma concisa...
auf den Punkt gebracht	dicho de forma concisa
Als Fazit lässt sich ziehen ...	La conclusión que se saca es la siguiente...
die Quintessenz	la quintaesencia

Unerwartetes ausdrücken
Expresar algo inesperado

erstaunlicherweise	sorprendentemente
verblüffenderweise	asombrosamente
merkwürdigerweise	curiosamente
unvorstellbarerweise	de forma increíble
seltsamerweise	extrañamente
Es ist bemerkenswert / ungewöhnlich / auffallend / atypisch, dass ...	Es notable / insólito / llamativo / atípico que...
Diese Argumentation überrascht.	Esta argumentación sorprende.
Ich war erstaunt festzustellen, dass ...	Me quedé asombrado al comprobar que...
Zu meinem Erstaunen / Zu meiner Überraschung ...	Para mi asombro / mi sorpresa...
Es / Daran fällt auf, dass ...	Llama la atención que...
Es springt ins Auge, dass ...	Salta a la vista que...
Ich musste mit Befremden feststellen, dass ...	Con extrañeza tuve que constatar que...

Gemäß den Erwartungen
De acuerdo con las expectativas

erwartungsgemäß	como era de esperar
wie erwartet	como (se) esperaba
natürlich	naturalmente
selbstverständlich	por supuesto / desde luego / por lógica

typischerweise	de forma característica
vorhersehbarerweise	como se preveía / como era de suponerse
zwangsläufig	obligadamente
Das ist typisch für / charakteristisch ...	Este hecho es típico de / característico de...
Diese Entwicklung war abzusehen / vorauszusehen / unvermeidlich.	Es(t)a evolución era previsible / predecible / inevitable.
Es braucht nicht besonders erwähnt zu werden, dass ...	No necesita de especial mención el hecho de que...
Die Feststellung kann nicht überraschen.	La constatación de este hecho no supone una sorpresa.
Diese Einstellung ist bezeichnend.	Es(t)a actitud es significativa / característica.

Ursachen angeben
Determinar la causa

daher / deshalb / deswegen	por es(t)e motivo / por eso / por esta razón
weil	porque
da	ya que
wegen	por
Aufgrund von ...	A causa de / Por motivo(s) de...
Bedingt durch ...	Debido a...
Infolge von ...	Como consecuencia de...
Der Grund, warum ...	El motivo por el cual / que...
Die Ursache von / für ...	La causa de / para...
Ein Grund dafür ist ...	Un motivo para ello consiste en / es el que...
Aus diesem / demselben Grund ...	Por es(t)e motivo / es(t)e mismo motivo...
Der wichtigste Grund ist wohl ...	El motivo más importante probablemente es...
Dies kommt durch / resultiert aus ...	Es(t)o es la consecuencia de / resulta de...

Konsequenzen angeben
Indicar las consecuencias

daher	por es(t)e motivo / por eso
dadurch	a causa de / por eso
deshalb	por consiguiente / eso / ello / tanto
infolgedessen	a consecuencia de ello / debido a ello
folglich	en / a consecuencia de
somit	por (lo) tanto
Aus diesem Grund ...	Por es(t)e motivo...
Daraus resultiert / folgt / ergibt sich Folgendes ...	De es(t)e hecho / De es(t)o se resulta / deriva / se da lo siguiente...
Die Folge / Konsequenz ist ...	El efecto / La consecuencia es...
Eine Folge / Die logische Folge davon ist ...	Una consecuencia / La consecuencia lógica es...
... hat zur Folge ...	...tiene como consecuencia...
Das legt nahe ...	Es(t)e hecho sugiere...

Als Ergebnis lässt sich festhalten ...	Como resultado (final) se puede establecer / concluir...
Dies lässt folgenden Schluss zu ...	Es(t)o permite concluir que...
Als Konsequenz daraus ergibt sich ...	La consecuencia que resulta de es(t)o es...
Als Fazit lässt sich ziehen ...	Se puede concluir que...

Ursache und Konsequenz verbinden
Enlazar causas y consecuencias

Dies führt zu / resultiert in / verursacht ...	Es(t)e hecho nos lleva / deviene en / motiva...
Das Ergebnis kommt durch ... zustande.	El resultado es producto de...
Diese Tatsache resultiert aus ...	Este hecho resulta de...
Das ist ein Ergebnis / eine Folge von ...	Este es el resultado de / la consecuencia de...
Dies ist eine Konsequenz aus ...	Esta consecuencia resulta de...
Dies ergibt sich als logische Folge von ...	Es(t)o se deriva como consecuencia lógica de...

Ähnlichkeiten aufführen
Hacer comparaciones

wie	como
so wie	así como
vergleichbar (mit) ...	comparable (con / a) / igual a...
ähnlich (wie) ...	(de forma) similar a / con...
in ähnlicher Weise	de forma parecida a / similar a
analog	análogamente
entsprechend	correspondiente a / con...
im Vergleich mit / zu ...	en comparación a / de / con...
verglichen mit ...	comparado con...
Wenn man X mit Y vergleicht ...	Si se comparan X y Y / se compara X con Y...
Sowohl X als auch Y ...	Tanto X como Y...
im Verhältnis zu ...	en relación a...
... ist genau wie / ähnelt ...	...es igual a / parecido, -a a / con...
... sind vergleichbar / sehr ähnlich.	...son comparables / muy similares a / con.
Es handelt sich um denselben Fall wie ...	Se trata del mismo caso como / que...
Die beiden sind gleichwertig ...	Ambos, -as son equivalentes...
Es gibt kaum Unterschiede zwischen ...	Casi no hay diferencias entre...
In dieser Hinsicht ähnelt es stark ...	A este respecto / En este aspecto son (sumamente / muy) semejantes...
Es erinnert an ...	Recuerda a...
Das weckt Assoziationen mit ...	Es(t)e hecho evoca asociaciones con...
Diese beiden Vorfälle haben etwas / viel gemeinsam.	Ambos incidentes tienen algo / mucho en común.
Es gibt starke Parallelen / Übereinstimmungen zwischen ...	Se dan fuertes paralelismos / coincidencias entre...
Das ist kaum zu unterscheiden.	Es(t)e hecho casi no se puede distinguir / desasociar.
Die Fälle haben viel gemeinsam / große Ähnlichkeiten.	Ambos casos tienen mucho en común / poseen grandes semejanzas.
Die Parallelität ist augenfällig.	El paralelismo es / se hace palpable.
Dies trifft gleichermaßen auf ... wie (auf) ... zu.	Es(t)e hecho es concluyente tanto para... como para...

Unterschiede aufführen
Contrastar diferencias

während ...	mientras (que)...
einerseits ..., andererseits ...	por un lado, ... por otro (lado),...
auf der einen Seite ..., auf der anderen Seite ...	por una parte, ... por la otra, ...
hingegen	en cambio
wogegen	mientras que
jedoch	sin embargo
umgekehrt	por el contrario / al contrario
allerdings	no obstante
nichtsdestotrotz	no obstante / sin embargo
im Gegensatz zu ...	a diferencia de...
Ganz anders als ...	(De forma) completamente diferente a...
Das steht im krassen Gegensatz zu ...	Es(t)e hecho es completamente opuesto / contrario a...
Das ist das genaue Gegenteil von ...	(Es(t)e hecho) es justo el / lo contrario de / a...
Die beiden sind nicht vergleichbar.	Ambos, -as no son comparables.
Das hieße, Äpfel mit Birnen zu vergleichen.	Eso sería igual que / es como comparar (el) día y (la) noche.
Die Fälle haben nichts gemeinsam / sind nicht zu vergleichen / weisen große Unterschiede auf.	Ambos casos no tienen nada en común / no son comparables entre sí / muestran gran número de diferencias.
Die Fälle unterscheiden sich deutlich / spürbar.	Ambos casos se diferencian claramente / de forma notoria.
Dazwischen liegen Welten.	Entre ambos / ambas hay años luz de diferencia.
Man kann ... und ... nicht vergleichen.	No se puede comparar... con...
... und ... kann man nicht einfach miteinander vergleichen.	Simplemente no se puede(n) comparar... y... entre sí.
Das ist noch ganz weit entfernt von ...	(Es(t)e hecho) aún se encuentra muy alejado de...
Der Redner/ Die Rednerin möchte sich abheben von ...	El orador / La oradora quieren alejarse de...

Das hat nichts miteinander zu tun.	(Es(t)o) no tiene nada en común entre sí.
Hier muss man differenzieren.	Aquí hay que diferenciar / hacer diferenciaciones.
Was ... von ... unterscheidet.	Lo que diferencia... de...
Diese beiden Sachen muss man auseinander halten.	Ambas / Las cosas se tiene que distinguir.
Sie grenzen sich gegeneinander ab.	Ellas mismas / Ellos mismos se limitan / contraponen.
... ist das genaue Gegenteil von ...	...es justo / justamente lo contrario de...

Bezüge herstellen
Relacionar ideas

In Bezug auf ...	En relación a...
Im Hinblick auf ...	En cuanto a...
Hinsichtlich ...	Con respecto a...
Was ... betrifft / anbelangt ...	En lo que respecta a... / En lo concerniente a...
Der Autor / Die Autorin bezieht sich auf ...	El autor / La autora se refiere a...
Ich möchte an dieser Stelle an ... anknüpfen.	Este punto me gustaría enlazarlo / unirlo con...
Dies hängt mit ... zusammen.	Es(t)e hecho está en relación directa con...
Wenn man berücksichtigt, dass ...	Si se tiene en cuenta que...
Man sollte dies miteinbeziehen.	Es(t)e hecho se debería incluir.

Gewissheit
Certeza

Offensichtlich ...	Es obvio / Obviamente...
Erwiesenermaßen / Nachweislich ...	Es manifiesto que / Está demostrado que...
Es gilt als erwiesen, dass ...	Está comprobado que...
Die Wissenschaft sieht dies als bewiesen an.	La ciencia asume este hecho por demostrado.
Es steht zweifelsfrei / unzweifelhaft fest, dass ...	Sin lugar a duda... / Es indudable que...
Es versteht sich von selbst, dass ...	Se entiende por sí solo que...
Man kann mit Sicherheit sagen, dass ...	Con (toda) seguridad se puede decir que...
Es ist eine Tatsache, dass ...	Es un hecho que...
Es steht in der Tat fest, dass ...	En efecto, lo que (sí) es seguro es que...
Das ist eine Tatsache.	Es(t)o es un hecho.
Es ist klar, dass ...	Está claro que...
Es steht außer Frage / Zweifel, dass ...	No hay duda de que / Sin duda...
Es lässt sich nicht abstreiten, dass ...	Es innegable que...
Es lässt sich nicht vermeiden(, dass) ...	Es inevitable (que)...
Es ist nicht von der Hand zu weisen, dass ...	No se le puede volver la espalda a la idea de que...
Es ist doch / tatsächlich so, dass ...	Sin embargo / en efecto es así...
Das ist sicherlich / definitiv so.	Esto es seguramente / definitivamente así.
Wie man sehen kann ...	Como se puede ver...

Überzeugung
Convicción

Ich bin überzeugt / der Überzeugung, dass ...	Estoy convencido (de) que / Tengo la convicción (de) que...
Es entspricht meiner festen Überzeugung...	Tengo la absoluta certeza / el absoluto convencimiento de que...
Ich bin sicher, dass ...	Estoy seguro / segura de que...
Es steht für mich fest, dass ...	Estoy convencido / convencida de que...
Der Autor / Die Autorin legt glaubhaft / überzeugend dar, dass ...	El autor / La autora expone de forma creíble / convincente (que)...

Wahrscheinlichkeit
Probabilidad

wahrscheinlich	probablemente / seguramente
höchstwahrscheinlich / mit größter Wahrscheinlichkeit	con mucha probabilidad / es (muy) probable que.../ probablemente
vermutlich	presumiblemente
voraussichtlich	previsiblemente
Aller Wahrscheinlichkeit nach ...	Con toda probabilidad...
Ich vermute / glaube / gehe davon aus, dass ...	Supongo / creo / parto de la base que...
Es ist zu erwarten / anzunehmen, dass ...	Es de esperar / suponer que...
Es steht zu erwarten, dass ...	Se puede contar con que...
Ich halte es für wahrscheinlich / realistisch, dass ...	Creo que es probable / realista suponer que...
Ich rechne mit ...	Cuento con...
Es ist mit ... zu rechnen.	Hay / Habría que contar con...
Diese Fakten dürften überzeugen.	Estos hechos hablan por sí mismos / son contundentes.
Es könnte sein, dass ...	Existe la posibilidad de que...

Annahme
Hipótesis

Es ist anzunehmen, dass ...	Es de suponer que...
Man kann davon ausgehen, dass ...	Se puede / podría partir de la base que...
Es scheint (so zu sein), dass ...	Parece (ser) que / Tanto así que...
Es weist vieles darauf hin, dass ...	La mayoría de los hechos apuntan a que...
Es steht zu vermuten, dass ...	Es de suponer / presumir que...
Die Hinweise darauf verdichten sich.	Las informaciones al respecto se consolidan.
Vieles deutet darauf hin / weist in diese Richtung.	Todo parece señalar / indicar en esa dirección.
Es besteht Grund zu der Annahme, dass ...	Hay razones para suponer que...

Vermutung
Suposición

vermutlich	presuntamente / supuestamente
wahrscheinlich / höchst wahrscheinlich	(muy) probablemente / con (mucha) probabilidad
Ich nehme an, dass ... / Ich vermute, dass ...	Parto de la base que.../ Supongo que...
Das ist auf jeden Fall eine Möglichkeit.	En todo caso es(t)o / es(t)a es una posibilidad.
Ich halte das nicht für ausgeschlossen.	No excluyo / descarto en todo caso esta posibilidad.

Möglichkeit
Posibilidad

möglicherweise	posiblemente / probablemente
eventuell	tal vez
gegebenenfalls	dado el caso
vielleicht	quizá(s)
Es besteht die Möglichkeit / eine geringe Möglichkeit, dass ...	Existe la posibilidad / una pequeña posibilidad de que...
Es ist (durchaus) denkbar / möglich, dass ...	Es (desde luego) pensable / posible que...
Es ist nicht auszuschließen, dass ...	No se puede descartar la posibilidad de que...
Es kann sein, dass ...	Puede ser que...
Dies könnte zu ... führen.	Este hecho podría llevar a...
Unter Umständen ...	Eventualmente / Tal vez / Posiblemente...
Wir sollten auch diese Möglichkeit bedenken.	También tendríamos que considerar es(t)a posibilidad.

Unsicherheit
Incertidumbre

eventuell	tal vez
Es könnte sein, dass ...	Se podría dar el caso que...

Vielleicht ..., aber ...	Quizá(s)..., pero / sin embargo...
Es ist nicht sicher, ob / dass ...	No es seguro (de) que / si...
Es steht nicht zweifelsfrei, ob / dass ...	No está fuera de (toda) duda si / que...
Es steht nicht eindeutig fest, ob / dass ...	No está del todo claro si / que...
Dieses Argument ist jedoch mit Vorsicht zu genießen.	De todos modos hay que tener cuidado al utilizar este argumento.
Die Faktenlage gibt dies nicht eindeutig her.	La situación de los hechos no se aclara de forma inequívoca.
Dies sind nur vorsichtige Schätzungen.	Solo se trata de primeras estimaciones / valoraciones.
Dies sind nur vorläufige Schätzungen.	Solo se trata de estimaciones / valoraciones provisionales.
Dies ist jedoch nicht gesichert / belegt.	Esto sin embargo, no es seguro / no está demostrado.
Dies ist noch in der Schwebe / nicht entschieden.	Esto aún está todavía pendiente de (ser) confirmado. / Esto aún no está decidido.

Unwahrscheinlichkeit
Improbabilidad

Es ist	Es
unwahrscheinlich ...	poco probable...
fraglich ...	cuestionable...
zweifelhaft ...	dudoso / dudosa...
umstritten ...	controvertido / controvertida...
Das bleibt dahingestellt.	Este hecho está / queda por verse.
Es ist kaum / nicht zu erwarten, dass ...	No es de esperar que...
Es ist so gut wie ausgeschlossen, dass ...	Es (casi) imposible / improbable que...
Es ist kaum anzunehmen, dass ...	Se podría descartar que...
Es ist nicht damit zu rechnen, dass ...	No se puede contar con (el hecho) de que...

Zweifel
Duda

Ich bezweifle, dass ...	Tengo mis dudas de que...
Es ist zweifelhaft / fraglich / unklar, ob ...	Es cuestionable / incierto / vago el hecho de que...
Es bestehen ernsthafte Zweifel an ...	Existen (serias) dudas (con) respecto a...
Ich bin nicht überzeugt, dass ...	No estoy convencido de que...
Hier erscheint Skepsis angebracht.	En este punto es importante adoptar una postura escéptica.
Diese Schilderung ist äußerst fragwürdig / zweifelhaft.	Esta exposición es del todo cuestionable / dudosa.
Dies ist mit (großer) Vorsicht zu genießen.	Este hecho se ha de tener en cuenta con (mucho) cuidado.

Unmöglichkeit
Imposibilidad

Es ist	Es
unmöglich ...	imposible...
utopisch ...	(del todo) utópico...
undenkbar ...	impensable...
unrealistisch ...	(muy) irrealista / poco realista...
unvorstellbar ...	inimaginable / inconcebible...
Es ist ausgeschlossen, dass ...	Está descartado (que)...
... ist nicht möglich.	... no es, en todo caso, posible.
Davon kann keine Rede sein.	No se puede hablar de es(t)o.
Diese Möglichkeit kann man ausschließen.	Esta posibilidad se puede descartar.
Es besteht keine Chance, dass ...	No existe la posibilidad de que...
Es besteht nicht die geringste Möglichkeit, dass ...	No existe la mínima posibilidad de que...

Schein
Apariencia

Es scheint / erscheint ...	Parece / resulta (que)...
Es sieht aus, als ob ...	Parece como si...
Es sieht ... aus, aber die Wahrheit ist, dass ...	Tiene toda la apariencia de ser..., sin embargo la verdad es que...
Es erweckt / macht den Eindruck, dass ...	Da / Causa la impresión de que...
Es hat den Anschein, als wäre ...	Parece como si fuera / estuviera...
Es kommt mir vor, als ob ...	Me parece como si...
Ich habe / bekomme den Eindruck, dass ...	Tengo / Me da la impresión de que...
Auf den ersten Blick ...	A primera vista...

Realität
Realidad

Es ist unbestreitbar, dass ...	Es innegable que...
Die Situation ist nicht, wie sie scheint.	La situación no es lo que parece.
Die Wirklichkeit / Realität ist, dass ...	En realidad / La realidad es que...
Die Wahrheit ist, dass ...	La verdad es que...
In Wirklichkeit / Wahrheit ...	En realidad / verdad...
Es gibt starke / klare Anzeichen, dass ...	Existen fuertes / claros indicios para creer que...
Alles deutet darauf hin, dass ...	Todo parece indicar que...
Da steckt mehr dahinter.	Detrás de es(t)e asunto hay (mucho) más de lo que parece a primera vista / se cree.

Betonen
Hacer hincapié

auf jeden Fall / auf gar keinen Fall	en todo caso / de ninguna manera
in der Tat / tatsächlich	efectivamente / de hecho / en efecto
unter allen / keinen Umständen	de cualquier / ningún modo
absolut / völlig	en absoluto / plenamente
besonders	particularmente / especialmente
insbesondere	en particular
vor allem	sobre todo
In erster Linie ...	En primer lugar...
hauptsächlich	principalmente
Genau das ...	Justo / Justamente es(t)o ...
Offen / Ehrlich gesagt ...	Francamente / Sinceramente...
Besonders / Ausdrücklich darauf hinweisen ...	Advertir particularmente / expresamente...
Es ist eindeutig der Fall, dass ...	De forma inequívoca se da el caso de que...
Ich möchte	Me gustaría
bekräftigen, dass ...	ratificar que...
betonen, dass ...	remarcar / recalcar que...
unterstreichen, dass ...	hacer hincapié sobre / en (que)...
deutlich machen, dass ...	evidenciar / poner de manifiesto que...
Ich messe diesem Punkt (eine) große / hohe Bedeutung bei.	A este punto le atribuyo / doy (una) gran / mayor importancia.
Ich möchte diesen Punkt besonders herausstellen / hervorheben.	Me gustaría resaltar / poner en relevancia es(t)o / es(t)e punto.
Der Autor / Die Autorin betont wiederholt, dass ...	El autor / La autora remarca repetidamente que...
Maßgeblich für diese Textstelle ist ...	Para este pasaje es determinante...
Lassen Sie / Lasst mich klarstellen, dass ...	Déjenme / Dejadme aclarar / puntualizar que...
Hier ist besonders wichtig, dass ...	Aquí es especialmente importante que...
Ich würde sogar sagen / behaupten, dass ...	Incluso diría / sostendría / afirmaría / destacaría que...
Es fällt auf, dass ...	Salta a la vista que...

Das ist umso bemerkenswerter als ...	Es(t)o es tanto más notable que...
Dies gilt umso mehr, als ...	Es(t)e hecho tiene más validez en cuanto a...
Wenn ..., so liegt das an ... und nicht an ...	Si..., depende de... y no de...
nicht nur ..., sondern auch ...	No solo..., sino que (también)...
Von Reue zeigt der Protagonist keine Spur – im Gegenteil.	La protagonista no muestra ni pizca de arrepentimiento, al contrario.

Abmildern
Atenuar

eher	más bien
mehr oder weniger	más o menos
teilweise	en parte / parcialmente
zu einem gewissen Grad	hasta un cierto grado
nicht ganz	no del todo
Man sollte allerdings berücksichtigen / bedenken, dass ...	De todas formas se tendría que considerar / tener en cuenta que...
Man sollte jedoch beachten ...	Sin embargo se tendría que tener presente (que)...
Ohne ein vorschnelles Urteil fällen zu wollen ...	Sin tener la intención de dictar un juicio precipitado...
Ohne jemandem zu nahe treten zu wollen ...	Sin ánimo de querer ofender a nadie...
Ohne den Verfasser kritisieren zu wollen ...	Sin ánimo de criticar al autor...
Der Fairness halber muss gesagt werden, dass ...	En verdad se debe / Honor a la justicia / A juego limpio hay que decir que...
Bei aller gebotenen Vorsicht ...	Con la debida prudencia / precaución...
Dies ist nicht ganz von der Hand zu weisen.	Es(t)e hecho no se puede rehusar / rechazar así.
Das soll nicht heißen, dass ..., sondern vielmehr, dass ...	Esto no quiere decir que..., sino más bien que...
Es wäre ungerecht / übertrieben / unangebracht ...	Sería injusto / exagerado / inconveniente...

Allgemeine Informationen
Informaciones generales

Er / Sie ist	Él / Ella
männlich / weiblich.	es un hombre / una mujer.
jung / mittleren Alters / älter / alt.	es joven / de mediana edad / mayor / viejo.
25 Jahre alt / ein Mann im besten Alter.	tiene 25 años / es un hombre que está en sus mejores años.
Waise.	es huérfano, -a.
verheiratet / ledig / geschieden / verwitwet.	está casado, -a / soltero, -a / separado, -a / viudo, -a.
ein Kind / ein Jugendlicher / ein Erwachsener.	es un niño, -a / un(a) adolescente / un adulto
Engländer(in) / Deutsche(r) / Amerikaner(in).	es inglés, -esa / alemán, -a / americano, -a.
spanischer Staatsbürger.	es ciudadano español / ciudadana española.
schwarz.	es de color / negro.
weiß.	es blanco.
deutscher / spanischer Herkunft / Abstammung.	es de origen alemana/española / es de ascendencia alemana/española.
Arzt, Ärztin / Lehrer(in) / Naturwissenschaftler(in).	es médico, -a / profesor(a) / científico, -a.
religiös / gläubig / Atheist(in) / andersgläubig / ungläubig.	religioso, -a / creyente / ateo, -a / disidente / no creyente.
eine 30-jährige Frau	una mujer de 30 años de edad
Jemand stammt (ursprünglich) aus ...	Alguien es natural de...

Äußere Erscheinung
Apariencia externa

Er / Sie ist	Él / Ella
überdurchschnittlich groß.	es más grande / alto, -a que la media.
groß / mittelgroß / klein.	alto, -a / de mediana estatura / bajo, -a.

attraktiv / hübsch / schön / gutaussehend.	es atractivo, -a / guapo, -a / bonito, -a / bien parecido, -a.
unattraktiv / unscheinbar / eine graue Maus / hässlich.	es poco atractivo, -a / sin presencia / un patito feo / feo, -a.
stattlich / dick / fettleibig / stämmig / kräftig.	es grande / gordo, -a / obeso, -a / robusto, -a / recio, -a.
dünn / schlank / zierlich / grazil / schlaksig / schmächtig.	es flaco, -a / delgado, -a / delicado, -a / esbelto, -a / delgaducho, -a / enjuto, -a.
blond / braunhaarig / rothaarig / schwarzhaarig / weißhaarig.	es rubio, -a / castaño, -a / pelirrojo, -a / moreno, -a / tiene pelo cano.
gebräunt.	está moreno, -a / bronceado, -a.
blass.	es / está pálido, -a.
modisch / altmodisch / schick / leger gekleidet.	está a la moda / anticuado, -a / elegante / chic / informal.
Er / Sie hat	Él / Ella tiene
ein ebenmäßiges / faltiges / feingeschnittenes / gerötetes / zartes Gesicht.	un rostro proporcionado / repleto de arrugas / de facciones delicadas / de piel enrojecida / de contornos delicados.
große / grüne / weit auseinanderstehende Augen.	los ojos grandes / verdes / saltones.
eine lange Nase / platte Nase / spitze Nase / Hakennase / Stupsnase.	una nariz larga / achatada / puntiaguda / ganchuda / chata.
abstehende / große Ohren.	orejas de soplillo / las orejas grandes.
einen großen / vollen / sinnlichen / geschwungenen Mund.	una boca grande / llena / sensual / torcida.
ein energisches / fliehendes / spitzes Kinn.	una barbilla sobresaliente / fugaz / puntiaguda.
einen hellen / blassen / dunklen Teint.	una tez clara / pálida / oscura.
einen verträumten / klaren / durchdringenden / offenen / sanften Blick.	una mirada soñadora / clara / penetrante / abierta / dulce.
Locken / glatte Haare / lange Haare / schütteres Haar / eine Glatze.	rizos / el pelo liso / el pelo largo / un pelo ralo / una calva.
eine laute / leise / (un)angenehme / sonore / dünne / raue / samtige Stimme.	una voz fuerte / baja / (nada) agradable / sonora / débil / ronca / suave.
Muttermale / Sommersprossen / Pickel / Grübchen / Narben.	lunares / pecas / granos / hoyuelos / cicatrices.

eine gute / tolle / stattliche / schlanke Figur.	una buena figura / una figura espléndida / vigorosa / esbelta.
Er / Sie hat / trägt eine Brille.	Él / Ella tiene / lleva gafas.
Er / Sie hat rote Schuhe / eine graue Jacke an.	Él / Ella lleva zapatos rojos / una chaqueta gris.
Er / Sie sieht gut / schlecht / sportlich / sympathisch / südländisch / gestresst / krank / müde aus.	Él / Ella tiene buen aspecto / mal aspecto / aspecto de deportista / simpático / de un país meridional / (parece) estresado, -a / enfermo,-a / cansado, -a.
Jemand wirkt entschlossen / fröhlich / verstört / zufrieden / zurückhaltend / gut gelaunt.	Alguien da la impresión de ser decidido, -a / alegre / estar perturbado, -a / satisfecho, -a / ser reservado, -a / estar de buen humor.
Jemand macht einen netten / verschlossenen Eindruck.	Alguien da la impresión de ser agradable / taciturno, -a.

Charaktereigenschaften
Características

Er / Sie	Él / Ella
ist sehr engagiert / höflich / pingelig.	es muy comprometido, -a / amable / minucioso, -a.
hat viele positive Charakterzüge.	tiene una serie de características positivas.
hat eine wunderbare / einzigartige / starke Persönlichkeit.	tiene una personalidad maravillosa / singular / fuerte.
hat ein sonniges / sanftes Gemüt.	tiene un ánimo alegre / pacífico.
ist von hoher / wacher / durchschnittlicher / überlegener Intelligenz.	posee una gran inteligencia / una inteligencia despierta / media / superior.
neigt zu Wutausbrüchen / verliert schnell die Fassung.	tiende a sufrir accesos coléricos / pierde la serenidad con facilidad.
ruht in sich / ist ein ruhender Pol.	posee paz interior / es la tranquilidad personificada.
hat ein Talent für / zu ...	tiene un talento para / de...
Man könnte ihn / sie als ... beschreiben.	Se le podría describir como...
Jemand beschreibt sich selbst als ...	Alguien se describe a sí mismo, -a como...

Wichtige Adjektive für die Personenbeschreibung

anmutig	encantador, -a	3	schwerfällig	pesado, -a
anständig	honrado,- a; decente	3	gemein	deshonesto, -a, indecente, infame
anziehend	atractivo, -a; simpático, -a	3	hässlich abstoßend	feo, -a, asqueroso, -a, repugnante
aufgeschlossen	abierto, -a, franco, -a	3	verschlossen zurückhaltend	cerrado, -a reservado, -a, discreto, -a
aufmerksam	atento, -a	3	verträumt	soñador(a)
ausgeglichen	equilibrado, -a, ponderado, -a	3	launisch gestresst	caprichoso, -a estresado, -a
begabt	dotado, -a, talentoso, -a	3	unbegabt	poco dotado, sin talento
bescheiden	modesto, -a, humilde	3	eingebildet hochmütig hochnäsig, arrogant	creído, -a, presumido, -a altivo, -a, endiosado, -a arrogante, orgulloso, -a
ehrgeizig engagiert	ambicioso, -a comprometido, -a	3	antriebslos	sin ambición
ehrlich	honesto, -a, honrado, -a	3	unehrlich durchtrieben	falso, -a, deshonesto, -a astuto, -a, pícaro
einfühlsam	comprensivo, -a	3	ungerührt	imperturbable, impasible
einsichtig	comprensivo, -a, razonable, -a	3	engstirnig	estrecho, -a (de miras)
fleißig	trabajador(a), diligente	3	faul	perezoso, -a, vago, -a
friedlich	pacífico, -a, tranquilo, -a	3	gewalttätig streitsüchtig	violento, -a, brutal peleón, peleona
fröhlich	alegre, -a	3	trübselig	triste
gebildet	culto, -a	3	ungebildet	inculto, -a
gefühlvoll	sensible	3	gefühlskalt	insensible
gesprächig	hablador(a), charlatán(a)	3	wortkarg	silencioso, -a, taciturno, -a
gewissenhaft	esmerado, -a, concienzudo, -a	3	nachlässig	descuidado, -a
großzügig	generoso, -a	3	geizig kleinlich	avaro, -a, agarrado, -a mezquino, -a, tacaño, -a

gut gelaunt	de buen humor	3	übellaunig	de mal humor
gutmütig	bonachón, -chona, bondadoso, -a	3	hinterlistig	insidioso, -a
intelligent klug	inteligente listo, -a	3	dumm	bobo, -a, tonto, -a, estúpido, -a
lieb	amable, simpático, -a	3	boshaft	malicioso, -a, malvado, -a
liebevoll	cariñoso, -a	3	gefühlskalt gemein	frío, -a, impasible pérfido, -a
mitfühlend	compasivo, -a	3	herzlos	desalmado, -a
mutig	valiente, atrevido, -a	3	ängstlich	miedoso, -a, receloso, -a
offenherzig	abierto, -a, franco, -a	3	listig	astuto, -a, taimado, -a
optimistisch	optimista	3	pessimistisch	pesimista
reif	maduro, -a	3	kindisch	infantil, pueril
rücksichtsvoll	atento, -a, considerado, -a	3	rücksichtslos	inatento, -a, desconsiderado, -a
ruhig	plácido, -a, tranquilo, -a	3	hektisch	inquieto, -a, nervioso, -a
sanft(mütig)	apacible, tierno, -a	3	hart(herzig)	duro, -a, insensible
gesprächig	comunicativo, -a, locuaz	3	schweigsam	callado, -a, taciturno, -a
selbstlos uneigennützig	desinteresado, -a, altruista generoso, -a	3	egoistisch	egoísta
selbstsicher	seguro, -a de sí mismo	3	unsicher	inseguro, -a
sensibel	sensible	3	unsensibel	insensible
souverän	seguro, -a de sí, con aplomo	3	unsicher	inseguro, -a
sparsam	ahorrador(a), parsimonioso, -a	3	verschwenderisch	derrochador(a), gastón, -a *(fam)*
sympathisch	simpático, -a, majo, -a *(fam)*	3	unsympathisch	antipático, -a
temperamentvoll	vivo, -a, enérgico, -a	3	temperamentlos	sin energía
verständnisvoll	comprensivo, -a	3	verständnislos	incomprensivo, -a, intolerante
vertrauend	confiado, -a, crédulo, -a	3	misstrauisch	desconfiado, -a, incrédulo, -a

verzeihend	perdonador, -a, condonante	3	rachsüchtig	vengativo, -a, rencoroso, -a
vorsichtig	prudente, cuidadoso, -a	3	leichtsinnig	irresponsable, imprudente
warmherzig	cariñoso, -a	3	kaltherzig	insensible
zielstrebig	perseverante, tenaz	3	ziellos	sin objetivo

Stellung
Posición

Er / Sie ist	Él / Ella
hoch angesehen.	es / está muy bien considerado, -a.
ein Ausgestoßener.	es un marginado, -a.
wichtig / unbedeutend.	tiene importancia / carece de importancia.
gebildet / ungebildet.	es culto, -a / inculto, -a.
reich / wohlhabend / arm.	es rico, -a / adinerado, -a / pobre.
aus gutem Hause.	es de buena familia.
adelig / bürgerlich.	es aristócrata / pertenece a la burguesía.
Er / Sie	Él / Ella
kommt aus einem gutbürgerlichen / ärmlichen / künstlerischen / kriminellen Milieu.	proviene de una familia de la burguesía alta / de un ambiente pobre / de familia de artistas / de un ambiente criminal
stammt aus einem kleinbürgerlichen Elternhaus.	proviene de una familia de la burguesía baja.
gehört (nicht) zu ...	(no) pertenece a...
gehört zu den oberen Zehntausend.	pertenece a la élite de los diez mil.
lebt am Rande der Gesellschaft.	vive al margen de la sociedad.
genießt hohes Ansehen.	goza de un gran prestigio / una gran reputación.
wird diskriminiert / verachtet.	se ve discriminado, -a / despreciado, -a.
gehört einer niedrigen / hohen Kaste an.	pertenece a una casta inferior / a una prestigiosa casta.

Funktion im Text
Función en el texto

Diese Figur spielt eine Hauptrolle / untergeordnete Rolle.	Esta figura desarrolla un papel principal / un papel secundario.
Der Charakter ist ausgearbeitet / nicht ausgearbeitet.	El carácter está realmente elaborado / no está nada elaborado.
Ihr Egoismus wird kontrastiert mit der Großzügigkeit der Heldin.	Su egoísmo contrasta con la generosidad de la heroína.
Seine Vergesslichkeit hat eine komische Funktion.	Sus descuidos / olvidos tienen una función cómica.
Dieser Charakter ist der typische jugendliche Liebhaber / die typische jugendliche Heldin.	Este personaje es el típico amante joven / la típica heroína joven.
Das Zögern der Figur des Sancho-Panza ist oft diskutiert worden.	La vacilación de la figura de Sancho Panza ha sido con frecuencia tema de discusión.
Sein amoralisches Verhalten macht ihn zu einem Antihelden.	Su comportamiento amoral lo convierte en un antihéroe.
Der Charakterfehler des tragischen Helden.	La falta de carácter del trágico héroe.
Diese Figur greift das Carpe-diem-Motiv / den Ödipusmythos auf.	En esta figura se retoma el motivo del carpe diem / el mitos de Edipo.

Beschaffenheit
Cualidad e índole

Etwas ist	Algo
hart / weich.	es / está duro / blando.
rau / glatt.	es / está áspero / liso / suave.
brüchig / zerbrechlich / fest / biegsam.	es quebradizo / frágil / firme / flexible.
scharf.	es / está afilado.
stumpf.	es / está desafilado / sin filo.
flüssig / gasförmig / fest.	es líquido / gaseoso / sólido.
heiß / warm / kalt / eisig.	está ardiendo / caliente / frío / glacial.
schwer / leicht.	es pesado / liviano / leve.
aus Holz / Metall / Knochen.	está hecho de madera / de metal / de hueso.

silbern / golden.	es plateado / dorado.
Etwas ist aus ... gebaut / gemacht.	Algo está construido de / está hecho de...

Form
Forma

Etwas ist	Algo
viereckig / quadratisch / rechteckig.	es cuadrangular / cuadrado / rectangular.
ein Viereck / Quadrat.	es un rectángulo / un cuadrado.
dreieckig / ein Dreieck.	es triangular / un triángulo.
rund / ein Kreis / oval.	es redondo / un círculo / oval(ado).
sternförmig / ein Stern.	es tiene forma de estrella / es una estrella.
sternförmig angeordnet.	está ordenado en forma de estrella.
Etwas hat eine quadratische Form.	Algo tiene una forma cuadrada.

Ort
Lugar

Ein Ort ist	Un lugar
abgeschieden / trostlos / gottverlassen.	está aislado / desolado / dejado de la mano de Dios.
ruhig.	es tranquilo.
friedlich.	es pacífico.
flach / bergig / hügelig.	es llano / montañoso / tiene colina.
wild / karg / windgepeitscht.	es silvestre / árido / azotado por el viento.
bewaldet.	está poblado de bosques.
bezaubernd / herrlich / malerisch.	es cautivador / maravilloso / pintoresco.
eine Küstenlage / ländliche Lage / städtische Lage	una zona costera / una zona rural / una zona urbana
hohe / schneebedeckte Berge	montañas altas / cubiertas de nieve
ein Sandstrand / Kieselstrand / von Palmen gesäumter Strand / menschenleerer Strand	una playa de arena / de piedras / playa llena de palmeras / playa desierta (de personas)

hohe / steile / schroffe Klippen	acantilados altos / de grandes pendientes / escarpados
ein dunkler / dichter / undurchdringlicher Wald	un bosque oscuro / tupido / impenetrable
der Weiler / das Dorf / die Stadt / die Großstadt	la aldea / el pueblo / la ciudad / la gran ciudad
eine überfüllte / dicht besiedelte / belebte Stadt	una ciudad superpoblada / muy poblada / concurrida
ein verschlafenes / ruhiges Städtchen	una pequeña ciudad soñolienta / tranquila
Die Landschaft / Der Blick ist überwältigend / atemberaubend / herrlich.	El paisaje / La vista es fascinante / impresionante / muy agradable.
Etwas	Algo
liegt direkt am Strand / malerisch inmitten eines Olivenhains.	se encuentra a pie de playa / resulta pintoresco en medio de los olivos.
ist abgelegen.	está alejado / ausente.
ist versteckt / nicht zu sehen.	está escondido / no se puede (ver con facilidad).
befindet sich westlich von ... / etwa 20 km außerhalb von ... / am Ende der Welt.	se encuentra / está al oeste de... / aproximadamente (a) 20 km en / a las afueras de... / en el / al fin del mundo.
Der erste Eindruck ist, dass ... / ist von ...	La primera impresión es de...
Es erinnert einen an ...	Le recuerda a uno / una a...
Es ist die älteste Kirche / das höchste Plateau / der abgeschiedenste Ort der Welt.	Se trata de la iglesia más antigua / de la planicie a más altura / del sitio más remoto del mundo.

Bilder und Comicstrips
Cuadros, ilustraciones y cómics

der Fotograf / der Künstler / der Zeichner	el fotógrafo / el artista / el dibujante
der Cartoon / der Comic(strip)	el cómic
die Karikatur	la caricatura
die Bildunterschrift	el comentario a la ilustración
die Sprechblase / die Gedankenblase	el bocadillo / la burbuja
Das Bild zeigt ... / stellt ... dar.	El dibujo muestra / plasma...
Man kann ... erkennen / sehen.	Se puede reconocer / ver...
Es ist ... abgebildet.	Se muestra...

Der Blick wird auf ... gelenkt.	La mirada es captada por...
Im Vordergrund / Im Hintergrund ...	En primer plano / En el trasfondo ...
In der Bildmitte ...	En el centro del cuadro...
Am oberen / unteren / rechten / linken Bildrand ...	En el margen superior / inferior / derecho / izquierdo...
In der rechten oberen / linken unteren Ecke ...	En la esquina superior derecha / inferior izquierda...
Die Figur ist scharf / unscharf.	La figura aparece bien enfocada / desenfocada.
Der Hintergrund ist nur verschwommen zu sehen.	El trasfondo es solo difuso e impreciso.
der Fluchtpunkt	el punto de fuga
Man kann parallele Linien erkennen.	Se pueden apreciar líneas paralelas.
Das Motiv wiederholt sich noch einmal / wird noch einmal aufgegriffen.	El motivo vuelve a repetirse una vez más / vuelve a ser retomado.
die Farbgestaltung	la concepción / presentación del color
die Formgebung	la configuración
die Botschaft	el mensaje
Das Bild fängt eine fröhliche / bedrückende Stimmung ein.	El cuadro proyecta un estado de ánimo jovial / agobiante.
Das Bild schafft eine düstere /merkwürdige Stimmung.	El cuadro crea una atmósfera sombría / extraña.
Das Bild vermittelt dem Betrachter ein Gefühl / ein Eindruck von ...	El cuadro transmite al espectador un sentimiento de / una sensación de...
... lenkt die Aufmerksamkeit auf ...	...dirige la atención a / sobre...
... ist ein Symbol von ...	...es un símbolo de...

Sich auf eine Grafik beziehen
En referencia a un diagrama

das Tortendiagramm	el diagrama circular
das Balkendiagramm / das Stabdiagramm	el diagrama de barras
Wie aus der Grafik / dem Diagramm ersichtlich ...	Como se hace evidente a partir del gráfico / del diagrama...
Die Grafik / die Tabelle / das Diagramm zeigt ...	El gráfico / la tabla / el diagrama muestra...

Anhand der Grafik / der Tabelle / dem Diagramm (auf Seite ...) kann man zeigen / nachweisen ...	A partir del gráfico / de la tabla / del diagrama (en la página...) se puede mostrar / demostrar...
Deutet man die Zahlen der Tabelle richtig, wird deutlich ...	Si se interpretan de forma correcta las cifras de la tabla, se hace patente (que)...
Am Verlauf der Kurve kann man ablesen ...	En el curso de la curva se puede leer...
Tabelle Nr. 1 bezieht sich auf ...	La tabla no 1 se refiere a...
Die Grafik zeigt die Entwicklung von 2003 bis 2007.	El gráfico muestra el desarrollo / la evolución de 2003 hasta 2007.
Bei genauer Betrachtung des Kurvenverlaufs erkennt man ...	Si se contempla meticulosamente el transcurso de la curva...
Das Verhältnis ist in Prozentzahlen / in absoluten Zahlen angegeben.	La relación se indica en tantos por ciento / en números enteros.
Auf der Landkarte kann man die unterschiedliche Bevölkerungszusammensetzung klar erkennen.	Se puede distinguir con claridad sobre el mapa la diferente configuración de los distintos grupos de población.

Änderungen und Verhältnisse beschreiben
Describir cambios, relaciones y proporciones

ein leichter / stetiger / deutlicher / steiler Aufwärtstrend / Abwärtstrend	una ligera / constante / clara / empinada tendencia hacia arriba / hacia abajo
ein allmählicher / dramatischer Anstieg / Rückgang	un aumento / un descenso paulatino / violento
mit fallender / steigender Tendenz	con tendencia a la baja / a la subida
Die Kurve steigt / fällt.	La curva asciende / desciende.
Im Jahr 2006 erreicht diese Entwicklung ihren Höhepunkt / Tiefpunkt.	En el año 2006 el desarrollo alcanzó su punto culminante / su punto más bajo.
Die Kurve ist von starken Schwankungen gekennzeichnet.	La curva está marcada por grandes oscilaciones.
Hier erkennt man eine signifikante Abweichung.	Aquí se puede apreciar una desviación significativa.
Die Auswirkung dieses Ereignisses findet einen eindeutigen Niederschlag in der Grafik.	Las consecuencias de este suceso se reflejan claramente en el gráfico.
Die Preissteigerung zeigt sich deutlich / mit etwas Verzögerung / kaum in der Kurve.	Un aumento en el precio se hace patente claramente / de forma algo retardada / de forma insignificante en la curva.

Die Verhältnisse sind unübersichtlich, insgesamt lässt sich jedoch eine steigende / fallende Tendenz feststellen.	Las relaciones son complejas, sin embargo, en general, se puede observar una tendencia a la subida / a la bajada.
Über die Hälfte der Befragten ...	Más de la mitad de los encuestados...
Die große Mehrheit ... / Eine kleine Minderheit ...	La gran mayoría... / Una pequeña minoría...
Nur ca. 20 % der Befragten verwenden ...	Solo aprox. el 20 % de los encuestados utilizan...
Während 1995 nur 42 % optimistisch in die Zukunft sahen, waren es 2005 68 %.	Mientras que en 1995 solo un 42 % veía el futuro con mirada optimista, en 2005 lo hacía un 68 %.
Während im Jahr 1960 der Anteil der Kinder, die bei einem Elternteil aufwachsen, sehr gering war, ergibt sich 2006 ein ganz anderes Bild.	Mientras que en el año 1960 el porcentaje de niños que se criaban con uno solo de los padres era mínimo, el año 2006 muestra una imagen completamente diferente.

Eine Karikatur interpretieren

In Tageszeitungen, Magazinen oder dem Internet – immer wieder verarbeiten Künstler aktuelle Themen in lustigen Bildern. Diese sogenannten **Karikaturen** (span. *caricaturas*) sind witzige Zeichnungen mit einem bestimmten Zweck: Sie sollen Politik oder Alltagsleben aufs Korn nehmen.

Aber was genau ist mit einer bestimmten Karikatur gemeint? Einen wichtigen Hinweis darauf gibt die Quelle. So bewertet beispielsweise eine linksorientierte bzw. liberale Zeitung politische Geschehnisse anders als ein konservatives Medium. Um den Sinn einer Karikatur zu erschließen, analysieren Sie deren **Überschrift**, **Wortbeiträge** (falls vorhanden), **Handlung** sowie die **Übertreibung**. Machen Sie sich dazu Notizen.

Die **Überschrift** klärt häufig das Thema. Untersuchen Sie weitere **Wortbeiträge** auf Ironie und andere Stilmittel. Erstellen Sie eine Liste über andere (nonverbale) **Symbole**. Analysieren Sie die **Handlung**: Steht Sie im Widerspruch zu oder im Gleichklang mit der Überschrift? Worin liegt genau die **Übertreibung**? Sie dient dazu, die Gesamtaussage herauszustellen.

Führen Sie zum Schluss Ihre Notizen über die einzelnen Aspekte zusammen. Daraus können Sie die Gesamtbedeutung der Karikatur erschließen.

Berichten
Informar

Es ereignete sich / geschah / passierte als ...	Aconteció / ocurrió / pasó cuando...
Das Ereignis fand vor kurzem statt.	El suceso tuvo lugar / ocurrió hace poco (tiempo).
[Name]	*[Nombre]*
spricht über ...	habla sobre / acerca de...
stellt fest, dass ...	constata / comprueba que...
zeigt anschaulich ...	expone de forma ilustrativa...
erzählt, dass ... / von ...	relata / cuenta que / sobre / respecto a...
berichtet über ...	informa sobre / acerca de...
berichtet ausführlich, dass ... / von ...	informa detalladamente que / sobre / acerca de...
schildert folgenden Fall: ...	caracteriza / describe el siguiente caso:...
legt dar, dass ...	expone (que)...
präsentiert die Fakten.	presenta / reproduce los hechos.
spielt auf ... an.	hace referencia a / de...
macht eine Anspielung auf ...	hace (una) alusión a...
führt im Einzelnen aus.	expone los pormenores.
beschreibt die Vorfälle im Detail.	describe los incidentes con detalle.
ein Bericht über ...	un informe sobre / acerca de...
In dem Artikel / Bericht steht, dass ...	En el artículo / informe / se dice que...

Zeitangaben machen
Indicar fechas y acontecimientos en el tiempo

im Jahr 1989 / im 20. Jahrhundert / in den 80er-Jahren / im Mai	en (el año) 1989 / en el siglo XX / en los años 80 / en mayo
am 14. November 2007 / am Freitag	el 14 de noviembre de 2007 / el viernes
an diesem Tag	es(t)e día
am nächsten / folgenden Tag	al día siguiente / al otro día
während des letzten Jahrtausends	durante el último siglo

im Jahre 502 vor Christi Geburt / 1824 nach Christus	en el año 502 antes de Cristo / 1824 después de Cristo
vor 25 Jahren / vor 3 Tagen	hace 25 años / hace tres días
von 2003 bis 2007	de 2003 a 2007
letztes / nächstes Weihnachten	la(s) última(s) / próxima(s) Navidad(es)
Ostern	Semana Santa / Pascua
vorgestern / gestern / heute / morgen / übermorgen	anteayer / ayer / hoy / mañana / pasado mañana
vorige / nächste Woche	la semana pasada / próxima
letzten / nächsten Sonntag	el pasado / próximo domingo
zur Zeit des / der ...	en la época de / en los tiempos de
zu Zeiten von Cervantes	en los tiempos de Cervantes
vor kurzem	hace poco
seit langem	(desde) hace mucho
in der Vergangenheit / Gegenwart / Zukunft	en el pasado / en la actualidad / en el futuro
in jüngster Vergangenheit	recientemente
in naher / ferner Zukunft	en un futuro próximo / lejano

Vor
Anterioridad

vorher	antes / con anterioridad
zuvor / davor	antes (de)
in den Jahren davor	en los años anteriores
am Tag vor ...	el día antes de...
ehe	antes de (que)
bevor	antes de / que / de que
als / als noch nicht	cuando / cuando todavía no
damals	en ese / aquel entonces
einst	en aquel / un día
früher	antes / antiguamente
seinerzeit	en aquel tiempo
vor dieser Zeit	antes de estos tiempos / de esta época

Jetzt
Actualmente

jetzt / nun	ahora / actualmente
in diesem Moment / Augenblick	en es(t)e momento / instante
gerade	(justo) ahora / ahora mismo
momentan / zurzeit / derzeit	de momento / actualmente / (en aquel) entonces
gegenwärtig	en el presente
heute	hoy
in der Welt von heute	en el mundo de hoy en día
heutzutage	hoy en día / en la actualidad
in der heutigen Zeit	hoy en día / en los días de hoy
im heutigen Russland	en la Rusia actual / de hoy
in der jetzigen Situation	en la situación actual
zu diesem Zeitpunkt	en es(t)e instante
gleichzeitig	simultáneamente / al mismo tiempo
immer noch	todavía / aún
Gerade jetzt sollte man nicht ...	En este preciso instante / Ahora mismo no se debería...
Es ist aktuell so, dass ...	En la actualidad se da que / es actual que...
bis jetzt / bis heute	hasta ahora / hasta hoy
von jetzt / heute an	a partir de ahora / a partir de hoy

Nach
Posterioridad

Nach diesen Ereignissen ...	Tras es(t)os acontecimientos...
Nach Beendigung des Projektes ...	Tras finalizar / la finalización del proyecto...
Nach zwei Jahren zog sie nach Berlin.	Pasados dos años se mudó a Berlín.
In den darauf folgenden Jahren ...	En los años posteriores / que siguieron...
danach	después / luego
dann	entonces

als das passiert war	cuando ocurrió / aconteció / hubo ocurrido / acontecido
nachher	después / luego
anschließend	a continuación / seguidamente
nachdem	después de (que)
hinterher	luego / más adelante
sobald	tan pronto como / apenas que
Jahre später	años más tarde
im Folgenden	en lo sucesivo / a continuación
nachfolgend	a continuación
bald	poco después
kurz darauf	al poco rato / poco rato después
daraufhin	a continuación / a raíz de

Während
Simultaneidad

Während der Sommermonate ...	Durante los meses de verano...
Während dieser Zeit ...	Durante esta época...
Während / Unter der Woche bin ich in ...	Durante la / Entre semana estoy en...
Während wir auf ihn warten, ...	Mientras lo esperamos...
unterdessen / währenddessen	mientras tanto / entre tanto
inzwischen	entre tanto / en tanto
Zu diesem Zeitpunkt befand er sich in ...	En ese justo momento se encontraba en...
gleichzeitig	al mismo tiempo / simultáneamente
zugleich	a la par
zusammen	junto (a)
Die beiden Ereignisse fallen zusammen.	Ambos sucesos coincidieron en el tiempo.
zur selben / gleichen Zeit	al mismo tiempo / de forma simultánea
parallel dazu	paralelamente a
immer noch	todavía / aún

Freude
Alegría

Er freut sich (sehr), dass ... / über ...	(Él) se alegra (mucho) (de) que / sobre...
Es bereitet ihr große Freude ...	La llena de alegría / de satisfacción el que...
Er ist sehr froh, dass ...	Está muy contento de que...
Sie ahnte gar nicht, wie sehr er sich freute.	(Ella) no sospecho cuanto (él) podía / iba a alegrarse.
glücklich sein	ser / estar feliz
froh / fröhlich / begeistert / unbeschwert sein	estar contento, -a / alegre / entusiasmado, -a / despreocupado, -a
ein helles / fröhliches / glückliches / ansteckendes Lachen	una risa viva / alegre / feliz / contagiosa
ein bezauberndes / strahlendes / jungenhaftes / spitzbübisches Lächeln	una sonrisa encantadora / radiante / jovial / pícara
Er strahlte vor Freude / Glück.	(Él) destilaba alegría / felicidad.
Sie lachte / lächelte / weinte vor Freude.	(Ella) reía / sonreía / lloraba de alegría.
Das Kind war ganz aus dem Häuschen.	El niño / La niña no cabía en sí de gozo / alegría.
Die ältere Dame sprühte vor Lebenslust.	La señora mayor destilaba ganas de vivir.

Traurigkeit
Tristeza

traurig / bedrückt / betrübt / verzweifelt / depressiv sein	estar triste / abatido, -a / afligido, -a / desesperado, -a / deprimido, -a
Er fühlt sich traurig.	(Él) se siente triste / agobiado.
Es macht sie traurig / stimmt sie traurig.	Es(t)e hecho la entristece / le / la apena.
Es bedrückt / belastet / deprimiert ihn.	Es(t)e hecho / Es(t)o le abate / le oprime / le deprime / le agobia (a él).
Es ist schade, dass ...	Es una pena / lástima que...
Sie weinte still vor sich hin / bitterlich / verzweifelt.	(Ella) lloraba para sí en silencio / amargamente / desesperadamente.
Sie weinte ihm noch lange nach / bittere Tränen nach.	(Ella) le lloró mucho tiempo / lágrimas (muy) amargas.

Ihm standen die Tränen in den Augen.	Los ojos se le llenaron de lágrimas.
Der Krieg brachte unendliches Leid über das Land.	La guerra trajo desgracia y sufrimiento sobre el país.
Sie war untröstlich.	(Ella) estaba desconsolada.
Er war starr vor Trauer.	(Él) estaba paralizado por la tristeza.
Er trauerte um seine Frau.	(Él) lloraba / llevaba luto por la muerte de su mujer.
Sie gedenken ihrer in stiller Trauer.	Ellas / Ellos les recuerdan / conmemoran en profunda tristeza.

Bedauern
Lamentar

Er bereute es zutiefst / sein Leben lang.	(Él) lo lamentaba profundamente / lo lamentó el resto de su vida.
Sie konnte es sich nie verzeihen, dass ...	(Ella) no se pudo perdonar nunca que...
Er bedauerte sein Verhalten und bat um Entschuldigung.	(Él) se arrepintió de su comportamiento y pidió perdón.
Zu seinem großen Bedauern ...	Muy a pesar suyo...
Die Zeitung musste den Artikel mit dem Ausdruck tiefsten Bedauerns zurücknehmen.	El periódico tuvo que retirar el artículo muy a su pesar / lamentandolo mucho.
Er empfand große Reue.	(Él) se arrepentía profundamente.
Er hatte wegen ... Gewissensbisse / ein schlechtes Gewissen.	(Él) tenía remordimientos de / mala conciencia debido a / por...
Es tut jemandem (sehr) leid.	Alguien lo siente (profundamente).
Sie schämte sich schrecklich, dass ihr so etwas passieren konnte.	(Ella) se avergonzaba profundamente de que le hubiera podido pasar algo semejante.

Antipathie
Antipatía

die (gegenseitige) Abneigung / Antipathie	la aversión / antipatía (mutua)
Er mag ihn nicht / lehnt ihn ab / hasst ihn / verabscheut ihn.	Él no le gusta / lo rechaza / lo odia / lo detesta.
Sie hegt eine heftige / tiefe Abneigung gegen ihn.	(Ella) alimenta una gran / profunda aversión contra él.

Die beiden können sich nicht leiden / ausstehen / riechen.	Ambos, -as no se pueden aguantar / soportar / ver.
Zwischen den beiden Parteien war dicke Luft.	El ambiente entre ambas partes estaba muy cargado / se podía cortar con cuchillo.
Sie waren sich spinnefeind.	Eran perfectos enemigos.
Die Chemie zwischen ihnen stimmte nicht.	La química entre ellos / ellas no funcionaba.
Sie wurde wegen ... heftig angefeindet.	La hostigaban de forma vehemente debido a...
Sie sind verfeindet / zerstritten.	Están enemistados, -as / reñidos, -as.
Sie haben sich entzweit.	Han sufrido / tenido ciertas desavenencias.
Er wirkt unsympathisch / unecht.	(Él) parece antipático / falso.
Er begegnete ihr mit großem Misstrauen.	(Él) la trataba con profunda desconfianza.

Überraschung
Sorpresa

überrascht / verblüfft / verwundert / erstaunt sein	estar sorprendido, -a / atónito, -a / asombrado, -a / estupefacto, -a
angenehm / unangenehm überrascht sein	estar / quedar gratamente / (de forma) poco (grata) sorprendido, -a
konsterniert / verwirrt / fassungslos / perplex / befremdet / geschockt sein	estar consternado, -a / confuso, -a / atónito, -a / perplejo, -a / extrañado, -a / escandalizado, -a
Es überraschte ihn sehr zu erfahren, dass ...	Le sorprendió mucho saber que...
Die Überraschung / Verblüffung war groß.	La sorpresa / estupefacción fue, en efecto, muy grande.
Sie fiel aus allen Wolken.	(Ella) se quedó de una pieza.
Sie teilte es ihm aus heiterem Himmel mit.	(Ella) se lo dijo de golpe y porrazo / de un golpe.
Die Nachricht schlug ein wie eine Bombe.	La noticia cayó como una bomba.
Damit hatte er gar nicht gerechnet.	(Él) nunca hubiera contado con eso.
Er war sprachlos vor Erstaunen.	(Él) se quedó mudo de la sorpresa.
Er konnte es einfach nicht fassen.	(Él) simplemente no lo podía concebir.
Der Schrecken war groß.	El susto fue muy grande.

Erleichterung
Alivio

erleichtert / befreit sein	estar aliviado, -a / liberado, -a
Sie konnten wieder aufatmen / durchatmen.	Al fin pudieron respirar de nuevo / hondo.
Ihr fiel ein Stein vom Herzen.	Se (le) quitó un gran peso de encima (a ella).
Er war heilfroh, als alles vorbei war.	Cuando todo había pasado / pasó, (él) estaba contentísimo / muy contento.
Er fand die erlösenden Worte.	(Él) encontró palabras de alivio / tranquilizadoras.

Enttäuschung
Decepción

enttäuscht / mutlos / unzufrieden / frustriert sein	estar decepcionado, -a / desanimado, -a / descontento, -a / frustrado, -a
Er war schwer enttäuscht, dass ...	(Él) estaba terriblemente / muy decepcionado por / debido a / de...
Sie war bestürzt / erschrocken / desillusioniert.	(Ella) estaba desconcertada / asustada / desilusionada.
Die Enttäuschung war groß.	La decepción fue inmensa.
Die Nachricht war ernüchternd.	La noticia fue una desilusión / un desengaño.
Er verspürte nichts als Frustration / Desillusionierung.	(Él) no podía / pudo sentir más que (una profunda) frustración / desilusión.
Die Veranstaltung war für alle eine Enttäuschung / blieb hinter den Erwartungen zurück.	La ceremonia / El acto fue una desilusión para todos / no cumplió con las expectativas de nadie.
Sie hätten sich etwas Anderes gewünscht.	Ellos / Ellas hubieran deseado otra cosa.
Ihre Hoffnungen hatten sich zerschlagen.	Todas sus esperanzas se desmoronaron.
Seine Erwartungen haben sich nicht erfüllt.	No se han cumplido sus expectativas.
Ihre Bemühungen waren erfolglos.	Sus esfuerzos fueron en vano.

Hoffnung
Esperanza

hoffentlich	ojalá
Sie hofft sehr, dass ...	(Ella) tiene la gran esperanza de que...
sich etwas erhoffen / versprechen / erwarten / erträumen / wünschen	esperar / prometer / anhelar / soñar con / desear algo
optimistisch / zuversichtlich sein	estar / ser optmista / confiado
hoffnungsvoll sein	ser prometedor
Sie setzt große Hoffnungen in ...	(Ella) ha puesto grandes esperanzas en...
Sie gab die Hoffnung nicht auf, dass ...	(Ella) no perdió la esperanza de que...
Er blickte mit Zuversicht in die Zukunft.	(El) miraba con confianza hacia el futuro.
Sie hegte große Erwartungen.	(Ella) alimentaba grandes expectativas.
Er hatte nicht zu hoffen gewagt, dass ...	(El) nunca se hubiera atrevido a esperar que...

Angst / Befürchtung
Miedo / Temor

Sie hat Angst, dass ...	(Ella) teme que / tiene miedo de que...
Er hat das ungute Gefühl, dass ...	(Él) tiene el mal presentimiento de que...
Er macht sich Sorgen, dass ...	(Él) está preocupado por...
... macht ihm Angst / beängstigt ihn.	...le produce temor / da miedo.
... beunruhigt ihn.	...le preocupa / inquieta.
Er fürchtet sich / hat Angst vor ...	(Él) teme que / tiene miedo de que...
beunruhigt / ängstlich / verstört / entsetzt sein	estar inquieto, -a / asustado, -a / demudado, -a / horrorizado, -a
Seine größte Angst ist ...	Su mayor temor es (que)...
Plötzlich erfasste sie eine große Angst / Furcht.	De repente la invadió una gran angustia / un gran temor.
Er wurde von Panik erfasst.	(Él) se rindió al pánico.
... erfüllt ihn mit Schrecken.	...es algo que lo sobrecoge.
Sie litt unter Todesängsten / einer Phobie.	(Ella) padecía de ataques de pánico / una fobia.

Er malte ein Horrorszenario aus.	(Él) se estaba imaginando algo horrible / lo peor.
Sie war vor Angst / Schreck wie gelähmt.	(Ella) estaba paralizada por el miedo / sobresalto.
Die Nachrichten waren beunruhigend / besorgniserregend.	Las noticias eran inquietantes / preocupantes.
Die Bilder waren beängstigend / verstörend.	Las imágenes eran terroríficas / alarmantes.

Unzufriedenheit
Descontento

Er ist mit ... unzufrieden / nicht zufrieden.	(Él) está descontento con / no está contento con...
Sie ist von / über ... enttäuscht.	(Ella) está decepcionada por / de...
Sie ist mit / von ... frustriert.	(Ella) está frustrada debido a / por...
Er ist zutiefst unzufrieden / desillusioniert / frustriert.	(Él) está profundamente insatisfecho / desilusionado / frustrado.
Es fällt vielen schwer, mit den Frustrationen des Alltags fertig zu werden.	A mucha gente le cuesta un gran esfuerzo sobrellevar las frustraciones del día a día.
Mit diesen Ergebnissen kann man nicht zufrieden sein.	Con semejantes resultados uno / una no se puede dar por satisfecho / satisfecha.
Es entsprach nicht seinen Erwartungen.	No cumplió con sus expectativas.
Sie hatte erwartet, dass er sich mehr Mühe geben würde.	Ella esperaba que él hubiera puesto más empeño / se hubiera esforzado más.

Schmerz
Dolor y lamento

körperliche / seelische Schmerzen	dolores físicos / anímicos
Es bereitete ihn / verursachte ihm große Schmerzen.	Eso le deparaba / le causaba un profundo dolor.
Es schmerzte sie / Es tat ihr weh, dass ...	Le dolía / Le hacía daño que...
mit schmerzverzerrtem Gesicht	con un rostro repleto de dolor
Sie schrie vor Schmerzen.	(Ella) gritaba de dolor.
Das Knie tat ihr weh / bereitete ihr Schmerzen.	(A ella) le dolía mucho / le causaba gran dolor la rodilla.

Die Scheidung war sehr schmerzlich für beide.	La separación fue para ambos muy dolorosa.
Er litt sehr unter ...	(Él) sufría mucho por / debido a...
Er litt Höllenqualen / unter großen Schmerzen.	(Él) sufría como un condenado / dolores insoportables.
Das verschlimmerte sein Leiden noch.	Es(t)e hecho / Es(t)o no hizo más que agravar su pena / dolor.
Er hatte endgültig die Schmerzgrenze erreicht.	(Él) había sobrepasado definitivamente el límite de lo soportable.
Ihr Verhalten hat ihn (tief) gekränkt / verletzt.	Su comportamiento lo ha ofendido / herido (profundamente).
Die Bemerkung traf ihn schwer / schmerzte ihn.	El comentario le afectó / le hirió profundamente.

Verärgerung
Enfado

Sie ärgerte sich (sehr / maßlos), dass ... / über ...	(Ella) se enfadó (muchísimo)/ tenía mucha rabia / ira porque / debido a...
Es ärgerte / empörte ihn.	Eso le enfadó / le enojó.
ärgerlich / verärgert / gereizt / empört / erzürnt / aufgebracht / wütend sein	estar disgustado, -a / enfadado, -a / irritado, -a / indignado, -a / exasperado, -a / rabioso, -a / furioso, -a
Der Fehler bereitete ihm großen Ärger.	El fallo le causó un profundo disgusto.
Er machte sie jedes Mal wütend.	(Él) la enfurecía cada vez que estaban juntos.
Er schaffte es regelmäßig, seine Kollegen gegen sich aufzubringen.	(Él) constantemente / regularmente logra / consigue poner a sus colegas en su contra / tener a sus colegas en contra suya.
Sie ließ ihren Ärger an ihm aus.	(Ella) desahogó todo su enfado con él.
Er hat einen großen Zorn auf ...	(Él) siente una gran cólera / rabia en contra de...
Ihr Zorn kannte keine Grenzen.	Su ira no conocía límites.
Sie schäumte / kochte vor Wut.	(Ella) estaba que echaba chispas / que echaba espuma.
Er war blass vor Wut / Ärger / Zorn.	(Él) estaba pálido / rojo / negro de rabia / del enojo / de cólera.

Die Bemerkung trieb sie zur Weißglut / versetzte sie in Rage.	El comentario la puso al rojo vivo / la puso furiosa / la sacó de sus casillas.
Er bekam einen Wutanfall / Trotzanfall.	(A él) le sobrevino un ataque de cólera / una rabieta.
Er ist cholerisch / ein Choleriker.	(Él) es colérico / un colérico.

Ungeduld
Impaciencia

ungeduldig / hektisch / nervös / aufgeregt / angespannt / unruhig sein	estar / ser impaciente / inquieto, -a / nervioso, -a / exaltado, -a / tenso, -a / intranquilo, -a
Sie wird schnell ungeduldig.	(Ella) pierde (muy) pronto la paciencia / es (muy) impaciente.
Er reagierte gereizt.	(Él) reaccionó con cierta irritación.
Seine Geduld wurde arg strapaziert.	Colmaron su paciencia al límite.
... war für sie eine Geduldsprobe.	...fue una prueba de paciencia para ella(s) / ellos.
Das stellte seine Geduld auf eine schwere Probe.	Es(t)o puso su paciencia a prueba.
Er wollte sie nicht länger auf die Folter spannen.	(Él) no la quiso tener por más tiempo en vilo / en suspense.
Die Spannung wuchs ins Unerträgliche.	La tensión alcanzó límites exasperantes / inesperados.
Sie wartete aufgeregt / fieberhaft / gespannt / ungeduldig / sehnsüchtig auf ...	(Ella) esperaba (a)... exaltada / febril / ansiosa / impaciente / anhelante.
Sie fragte sich, wie lange es noch dauern würde.	(Ella) se preguntaba cuánto tardaría aún.
Die Vorfreude auf ... war groß.	La alegría previa a... era grande.
Er konnte es kaum erwarten, bis ...	(Él) casi no podía esperar a...
Es schien ewig zu dauern, bis ...	Pareció que pasaban eternidades hasta (que)...

Ratlosigkeit
Desvalimiento

ratlos / hilflos / unentschlossen / verwirrt / machtlos sein	estar perplejo, -a / desamparado, -a / indeciso, -a / confundido, -a / impotente
Sie	Ellos / Ellas
wussten einfach nicht, was sie tun sollten.	simplemente no sabían qué hacer.
wussten nicht mehr weiter.	no sabían cómo continuar.
wussten sich keinen Rat mehr.	no sabían ya más qué hacer.
wussten nicht mehr ein noch aus.	no sabían ni donde tenían la mano derecha.
Er war unfähig, eine Entscheidung zu treffen.	(Él) no fue capaz de tomar una determinación / decisión.
Sie stand den Vorgängen ratlos gegenüber.	(Ella) se encontraba impotente frente a los hechos.
Hilflos / Machtlos sah er zu, wie ...	Inmóvil / Impotente observó cómo...
Sie war (völlig) verunsichert.	(Ella) se encontraba (absolutamente) desconcertada.
Das ist eine verfahrene Situation / eine Sackgasse.	Este es un callejón sin salida.
Sie waren dem Ganzen wehrlos / hilflos / ohnmächtig ausgeliefert.	Se encontraban indefensos / desvalidos / impotentes a la merced / en las manos de los acontecimientos.

Formelle Briefe schreiben

Für einen formellen Brief, z. B. ein Bewerbungsschreiben oder Geschäftskorrespondenz, gelten ähnliche Regeln wie im Deutschen.

Adresse des Absenders
Ihre eigene Adresse gehört ganz nach oben rechts, am besten mit Telefonnummer und E-Mail-Adresse.

Adresse des Empfängers
Die Adresse des Empfängers folgt auf Ihre Anschrift. Dazwischen befindet sich eine Leerzeile. Bei der Empfängeradresse verzichten Sie auf die Angabe von Telefon und E-Mail. Das Deutsche *z. H.* (zu Händen) wird durch *a la atención de* bzw. *entregar personalmente a* (*e. p.* oder *e. p. a.*) ersetzt.

Datum
Das Datum steht rechts unterhalb der Adresse des Absenders. In Spanien ist es üblich, den Monat auszuschreiben: *14 de septiembre de 2011*

Anrede
Ist der genaue Empfänger z. B. in einer Firma bekannt, erwähnen Sie dessen vollen Namen. Trägt der Adressat einen Titel bzw. möchten Sie diesen verwenden, nennen Sie nur den Nachnamen (Sr., Sra., Dr.). Ist der Adressat nicht bekannt, kann man die Formen *Estimado señor o señora* oder *Estimados señores míos* verwenden.
In Spanien setzt man nach der Anrede kein Komma, sondern einen Doppelpunkt. Die nächste Zeile beginnt mit einem Großbuchstaben.

Betreff
Die Betreffzeile benennt das Thema des Briefes. Sie wird fett gedruckt. Bezieht sich der Betreff auf eine vorangegangene Korrespondenz beginnt er mit „*Asunto*“ bzw. „*Referencia*“. Beispiel: ***Asunto:*** *petición de catálogo, precios y condiciones.*

Verabschiedung
Wenn Sie einer Ihnen bekannten Person schreiben, verwenden Sie die Anredeformen „*Muy Sr. mío:*“ oder „*Estimado Sr. Gómez:*“. Etwas höflicher ist „*Distiguido Sr. Gómez:*“. Als Schlussformel kommen die neutralen Wendungen „Atentamente“ oder „*Muy atentamente*“ in Frage. Ebenso passend ist „*Le saluda atentamente*“. Die persönlicheren Formen „*Le saluda cordialmente*“ und „*Reciba un cordial saludo*“ sind ebenfalls geeignet.

Schreiben Sie einer Ihnen unbekannten Person, verwenden Sie die Formel „*Muy Señora mía, muy Sr. mío:*“ oder einfach nur „*Estimados Sres.:*“. Dazu passend sind die neutralen Schlussformeln „*Atentamente*“ oder „*Muy atentamente*“.

Unterschrift
Setzen Sie Ihre Unterschrift linksbündig unter die Grußformel. Auf Ihre handschriftliche Unterschrift folgt Ihr Name nochmals in gedruckter Form.

Allgemeine Anmerkungen zu Stil und Inhalt

- Fügen Sie zwischen den einzelnen Teilen eines Briefes (eigener Adresse, Adresse des Adressaten, Datum, Anrede, Betreff, Brief und Verabschiedung) Leerzeilen ein, um dem Brief eine übersichtliche Gliederung zu geben.
- Nach Anrede und Grußformel steht ein Doppelpunkt.
- Legen Sie im ersten Abschnitt den Grund Ihres Briefes dar. Führen Sie dies im Hauptteil genauer aus. Halten Sie sich kurz: Formelle Briefe im Spanischen sind meistens nicht sehr lang. Erläutern Sie im letzten Absatz, welche Reaktion Sie vom Adressaten erwarten (Broschüre schicken, Geld zurückerstatten o. Ä.).
- Formulieren Sie in einer schlichten Sprache. Drücken Sie sich klar und eindeutig aus. Vermeiden Sie Slang und Jargon.
- Das erste Wort im ersten Satz eines Briefes wird – im Gegensatz zum Deutschen – immer großgeschrieben.
- Bedrucken Sie das Papier nur einseitig und verwenden Sie hochwertiges Briefpapier.

Die Anrede am Briefanfang

Sie schreiben:

engen Freunden, Verwandten

Querido Javier: *Querida Matilde:*
Queridos amigos: *¡Hola!*
Hola Jaime:

einer Person, die Sie besser kennen, mit der Sie aber per Sie sind

Querido Señor Pastor: *Querida Señora Alonso:*

einer Person, deren Namen Sie kennen, die Ihnen sonst aber nicht weiter bekannt ist

Estimado Señor Marco: *Estimada Señora Gómez:*

einer Person, von der Sie weder Namen noch Geschlecht kennen

Estimados señores: *Distinguidos señores:*
Muy señores míos: *Muy señores nuestros:*

einer Person, deren Titel oder Berufsbezeichnung bekannt ist

Distinguido Sr. Presidente: *Distinguido Sr. Profesor Santos:*
Distinguida Sra. Directora:

Die Grußformel am Briefende

Sie schreiben:

engen Freunden, Verwandten

Mach's gut!	*¡Que vaya bien!*
Bis bald!	*¡Hasta pronto!*
Viele Grüße	*Muchos saludos, / Un abrazo, / Besos,*
Viele liebe Grüße	*Un fuerte abrazo,*
Herzlichst	*Saludos muy cordiales,*
Herzliche Grüße	*Saludos cordiales, / Un cordial saludo,*
Viele Grüße an euch alle.	*Muchos recuerdos a todos.*
Alles Liebe (Dein.../Deine ...)	*Con cariño...*
Alles Gute, Dein(e) ...	*Te desea lo mejor, tuyo, -a...*
Tschüs!	*¡Adiós!*

einer Person, die Sie besser kennen, mit der Sie aber per Sie sind

Herzliche Grüße	*Saludos cordiales,*
Mit freundlichen Grüßen	*(Muy) Atentamente,*
Mit besten Grüßen	*Con los mejores deseos, / Saludos afectuosos,*

einer Person, deren Namen Sie kennen, die Ihnen sonst aber nicht weiter bekannt ist

Mit freundlichen Grüßen	*(Muy) Atentamente,*
Mit freundlichem Gruß	*(Muy) Atentamente,*
verbleibe ich mit freundlichen Grüßen	*Se despide atentamente,*

einer Person, deren Namen Sie nicht kennen

Hochachtungsvoll	*Muy atentamente,*

Formelle E-Mails schreiben

E-Mails sind in der Regel etwas weniger förmlich als Briefe, doch gelten - bis auf wenige Ausnahmen - die allgemeinen Stilregeln für formelle Briefe auch für E-Mails.

E-Mail Adresse

Legen Sie sich eine E-Mail-Adresse an, die Ihren Vor- und Nachnamen enthält. Eine E-Mail-Adresse mit einem Spitznamen ist für den offiziellen E-Mail-Verkehr unangebracht und wirkt unseriös.

Betreff

Die Betreffzeile benennt das Thema der E-Mail. Geben Sie immer einen passenden Text in die Betreffzeile ein, damit der Empfänger weiß, worum es in der E-Mail geht.

Unterschrift

Schreiben Sie in die Zeile unter die Grußformel Ihren Namen. Durch eine Leerzeile abgetrennt können Sie noch weitere Angaben hinzufügen, z. B. Ihre Adresse, Telefonnummer und Website.

Allgemeine Anmerkungen zu Stil und Inhalt

- Formelle E-Mails sollten den Stilregeln für formelle Briefe folgen.
- Bevor Sie die E-Mail abschicken, überprüfen Sie den Text per Rechtschreibprüfung auf Fehler.
- Stellen Sie sicher, dass ein klarer Betreff formuliert ist.
- Schauen Sie nach, ob Anlagen, auf die im E-Mail-Text verwiesen wird, auch tatsächlich angefügt sind.

Post an Freunde, Verwandte und Bekannte

Egal, ob E-Mail, langer Brief auf edlem Papier oder kürzere Postkarte – Freunden und Verwandten schreibt man anders als Fremden. Deshalb fallen die meisten Angaben der förmlichen Korrespondenz weg. Die eigene Adresse und die des Adressaten stehen nur auf dem Umschlag. Das Datum können Sie einfügen, wenn Sie möchten. Die Anrede ist *Querida* oder *Querido* plus Vorname gefolgt von einem Doppelpunkt. Im Gegensatz zum Deutschen wird das erste Wort des Haupttextes großgeschrieben.
Einen klassischen Brief auf Papier verfassen Sie am besten handschriftlich.
Bei der Verabschiedung können Sie auf viele Variationen zurückgreifen, je nachdem wie nahe Sie der Person stehen. Beispiele: *Un abrazo, Un beso, Besos, ¡Hasta pronto!*

Einleitende Worte
Frases introductorias

Vielen Dank für Ihren / deinen Brief.	Le(s) / Te agradezco su / tu carta.
Ich habe mich sehr über Ihren / deinen Brief gefreut.	Me he alegrado / alegré mucho / por su / tu carta.
Über Ihre Rückantwort habe ich mich sehr gefreut.	Me he alegrado mucho de recibir su contestación / por su respuesta.
Es war schön, mal wieder von dir zu hören.	Me ha alegrado mucho volver a saber ti.

Ich komme leider erst jetzt dazu, Ihnen / dir zu schreiben.	Siento no haber podido escribirle / escribirte
Es tut mir leid, dass ich Ihnen / dir erst jetzt schreibe.	Siento que apenas pueda escribirle / escribirte ahora.
Ich wollte dir schon ewig schreiben, aber du weißt ja, wie es ist!	Hace (mucho) tiempo que quería escribirte, pero ya sabes cómo son estas cosas.
Es tut mir leid, dass ich mich so lange nicht gemeldet habe.	De verdad siento no haberme reportado / manifestado hasta ahora.
Jetzt haben wir schon ewig nichts voneinander gehört.	Hace mucho tiempo que no sabemos el uno / la una del otro / de la otra.
Ich hoffe, es geht Ihnen gut.	Espero que se encuentre con buena salud.
Ich hoffe, es geht dir gut.	Espero que estés bien.
Wie geht es dir denn so?	¿Cómo va todo?
Was macht deine Familie / die Liebe / die Arbeit?	¿Qué tal la familia / tu vida sentimental / el trabajo?
Hier ist alles beim Alten / wie immer.	Aquí todo sigue igual / todo sigue como siempre.
Stell dir vor, ...!	¡Imagínate! / Puedes imaginarte que...
Hast du schon gehört, dass ...	Ya sabías que...

Spezielle Anlässe
En ocasiones especiales

Herzlichen Glückwunsch zum Geburtstag!	¡Feliz cumpleaños! / ¡Muchas felicidades en el día de tu cumpleaños! / ¡Muchas felicidades en tu día!
Ich wünsche dir alles Liebe zum Geburtstag!	¡Te deseo todo lo mejor en (el día de) tu cumpleaños!
Herzlichen Glückwunsch zum Führerschein / zum bestandenen Abitur / zur neuen Wohnung.	Enhorabuena por el carné de conducir / por haber aprobado la Selectividad / por tu nuevo piso.
Alles Gute zum Hochzeitstag!	¡Felicidades en el día de tu aniversario de boda!
Zu eurer Hochzeit / dem neuen Erdenbürger / der neuen Stelle wünsche ich euch / dir / Ihnen alles Gute.	Enhorabuena por vuestra / tu boda / por el nacimiento del niño /de la niña / por su / tu nuevo puesto de trabajo.
Ich war erfreut zu hören, dass ...	Me alegró saber / escuchar que...

Ich habe mich sehr gefreut / finde es super, dass ...	Me ha alegrado mucho / Me parece genial que...
Es tut mir leid, dass du den Führerschein nicht bestanden hast.	Siento muchísimo que no hayas aprobado el carné / la licencia de conducir.
Mit großem Bedauern ...	Muy a pesar mío / Lamentando mucho...
In aufrichtiger Anteilnahme ...	Con sincera / mucha emoción...
Ich möchte Ihnen / dir mein herzliches Beileid ausdrücken.	Le / Te desearía comunicar / dar mi más sentido pésame.
Frohe Ostern!	¡Felices Pascuas!
Ein frohes Neues Jahr!	¡Feliz / Próspero año nuevo!
Fröhliche / Frohe / Gesegnete Weihnachten!	¡Feliz Navidad! / ¡Felices fiestas!

Schlusssatz
Frases finales

Ich hoffe, bald von dir / Ihnen zu hören.	Espero saber / oír pronto de ti / usted(es).
Über eine Antwort von dir / Ihnen würde ich mich sehr freuen.	Me alegraría mucho recibir una contestación tuya / suya.
Vergiss nicht, mir zu schreiben!	¡No te olvides de escribirme!
So, das war's von mir. Was gibt es bei dir Neues?	En fin, (es(t)o) es todo de mi parte. ¿Qué hay de nuevo por la tuya?
Ich muss jetzt zum Ende kommen, weil ...	Tengo que ir acabando / terminando (con esta carta) porque...
Jetzt bist du wieder auf dem neuesten Stand / auf dem Laufenden.	Ahora ya estás enterado, -a de las novedades / puesto, -a al día.
Alles Weitere in einer Woche!	¡El resto dentro de una semana!
Ich denke an dich und wünsche dir alles Gute.	Pienso en ti y te deseo lo mejor.
Ich vermisse dich ganz arg und freue mich, dass wir uns bald wiedersehen!	¡Te echo muchísimo de menos y me alegro que pronto nos vayamos a ver!
Es wäre schön, wenn wir uns bald einmal wiedersehen könnten.	Que bonito sería si pronto pudiéramos volver a vernos.
Alles Liebe und pass auf dich auf.	Recibe un abrazo cariñoso y cuídate.
Mach's gut und bis bald / dann.	Cuídate y hasta pronto.
Bis ganz bald!	¡Hasta muy pronto!

Bewerben in Spanien

Die schriftlichen Unterlagen für die Bewerbung in Spanien bestehen aus einem **Bewerbungsschreiben** und einem **tabellarische Lebenslauf**. Egal ob schriftlich, online, per E-Mail oder per Telefon sollte Ihre Bewerbung möglichst professionell sein. Dazu gehört, dass das Bewerbungsschreiben und Ihr Lebenslauf in englischer Sprache verfasst sind. Da Sie Ihrem zukünftigen Arbeitgeber schon im Vorfeld einen guten Eindruck Ihrer Sprachkenntnisse vermitteln möchten, sollten Sie unbedingt darauf achten, dass die Unterlagen sprachlich korrekt sind. Daher sollten Sie diese vor dem Absenden unbedingt von einem Muttersprachler überprüfen lassen. Das Layout entspricht den allgemeinen Regeln für das förmliche Schreiben (siehe Infokästen *Formelle Briefe schreiben* und *Formelle E-Mails schreiben* auf den Seiten 78 / 80). Weitere Unterlagen wie **Universitätszeugnisse**, **Arbeitszeugnisse** oder **Bescheinigungen** über **Praktika** müssen als beglaubigte Übersetzungen erst auf Anforderung des Unternehmens nachgereicht bzw. zum Vorstellungsgespräch mitgebracht werden. Besonders gern werden heutzutage in Spanien Online-Bewerbungen gesehen, die nicht zu ausführlich sind und auf irrelevante Informationen verzichten.

Das Bewerbungsschreiben sollte relativ kurz gehalten sein. Erklären Sie kurz, warum Sie sich bewerben und warum Sie für den Job der Richtige sind.
Das Bewerbungsschreiben sollte folgende Informationen enthalten:

Bezugnahme auf das Stellenangebot

- Wo und wie haben Sie von dem Job erfahren (Internet, Tageszeitung, Empfehlung)?

Informationen über den Bewerber

- Welche persönlichen Daten sind im Hinblick auf die Bewerbung wichtig? Umschreiben Sie Ihre aktuelle (berufliche) Situation. Was machen Sie momentan?

Begründung für die Bewerbung

- Warum möchten Sie diesen Job haben? Warum sind Sie dafür geeignet? Belegen Sie Ihre persönlichen und fachlichen Fähigkeiten.

Schluss

- Unterstreichen Sie Ihr Interesse am Angebot. Sagen Sie, dass Sie sich auf die Antwort und ein persönliches Gespräch freuen.

Ihr Bewerbungsschreiben richtet sich in der Regel an die Personalleiter einer Firma. Das muss aber nicht so sein. Am besten, Sie rufen im betreffenden Unternehmen an und erfragen den richtigen Empfänger. Sie können folgende Anrede- und Schlussformeln verwenden:

Anrede	*Estimados señores:* *Distinguido Sr. ...:*	*Distinguidos señores:* *Distinguida Sra. ...:*	*Muy señores míos:*
Schlussformel	*Atentamente,*	*Muy atentamente,*	*Se despide atentamente,*

Musterbewerbung

Paul Jansen
Stuttgarter Str. 9
71234 Stuttgart
Alemania

Telf.: +49 711 2345678
e-mail: p.jansen@xyz.de

IBERIA
Apartado de Correos 675
E-28080 Madrid
Stuttgart, 23 de mayo de 2011

Solicitud de un puesto para un período de prácticas

Estimados señores:

Con la presente quisiera solicitar un puesto para un período de prácticas en su delegación en Madrid.

Estoy en el penúltimo curso de bachillerato, en el instituto Schiller de Stuttgart. Mis asignaturas principales son inglés y matemáticas, y desde hace tres años estudio también español. Después del instituto y de realizar el examen de Selectividad correspondiente me gustaría estudiar Ingeniería mecánica.

Antes de empezar con mi último curso de bachillerato me gustaría aprovechar mis vacaciones en verano, del 20 de julio al 30 de agosto, para perfeccionar mis conocimientos de español y para poder entrar a conocer al mismo tiempo el mundo laboral.

En el caso de que ustedes acepten esta solicitud, les estaría muy agradecido si pudieran ayudarme a buscar alojamiento.

Les agradezco de antemano todo su interés.

Les saluda muy atentamente,

Paul Jansen

Anexos: Currículum vítae

Einen Lebenslauf schreiben

Worauf achten rund 90 Prozent aller Chefs bei einer Bewerbung? Auf den Lebenslauf! Die tabellarische Übersicht Ihres Werdegangs stellt die entscheidende Weiche zur Einladung für ein Vorstellungsgespräch. Dabei geht es um Werbung für sich selbst. Stellen Sie daher Ihre Stärken und Fähigkeiten für die betreffende Stellenausschreibung optimal hervor. Der spanische Lebenslauf ist kurz – maximal zwei Seiten lang. Ein Bewerbungsfoto muss nicht unbedingt hinzugefügt werden. Wichtig ist zu wissen, dass bei der Bewerberauswahl in Spanien wenig Wert auf die Ausbildung eines Kandidaten gelegt wird. Daher sollte der schulische und akademische Werdegang nicht unmittelbar den persönlichen Angaben folgen. An dieser Stelle sollten Sie vielmehr Ihr persönliches Berufsziel definieren, und zwar so, dass ein nicht übertriebener Ehrgeiz zu erkennen ist.

Ein Lebenslauf besteht aus den folgenden Abschnitten:
El membrete: Der Briefkopf
Geben Sie Ihre komplette Anschrift mit Telefonnummer und E-Mail-Adresse an.

Datos personales: Persönliche Informationen
Dieser Abschnitt enthält: Geburtsdatum, Geburtsort, Staatsangehörigkeit und Geschlecht. Optional kann man hier auch angeben, ob man alleinstehend oder verheiratet ist. Die Religionszugehörigkeit wird nicht angegeben.

Objetivo profesional: Das persönliche Berufsziel
Welches sind Ihre beruflichen Ziele in dem Untenehmen? Schildern Sie knapp und aussagekräftig ihre Stärken und stellen Sie Ihre praktischen Fähigkeiten vor.

Formación y Estudios: Schulischer und beruflicher Werdegang
Tragen Sie in umgekehrter chronologischer Reihenfolge die Stationen Ihrer Schulbildung und Ihre akademische Ausbildung ein.

Experiencia, Prácticas y Datos profesionales: Praktika und berufliche Erfahrung
Listen Sie in umgekehrter chronologischer Reihenfolge Ihre Berufserfahrung auf. Benennen Sie die Zeitdauer und den Ort der Beschäftigung.

Otros datos de interés / Intereses personales: Zusatzqualifikationen und persönliche Interessen
Tragen Sie unter diesem Punkt relevante Qualifikationen, wie Fremdsprachenkenntnisse, Computerkenntnisse o. Ä. ein. Verwenden Sie bei den Qualifikationen nur Stichwörter. Konkretisieren Sie Ihre Fremdsprachenkenntnisse über den Europäischen Referenzrahmen. Beschränken Sie sich bei den persönlichen Interessen auf solche, die den Eindruck eines positiven und aktiven Menschen hinterlassen. Einzelsportarten, Computerspiele oder Lesen sind eher ungeeignet.

Referencias: Empfehlungen (sog. Referenzen)
Vielleicht gibt es jemanden, bei dem Sie z. B. während eines Praktikums einen besonders guten Eindruck hinterlassen haben. Fragen Sie die betreffende Person, ob Sie sie als Referenz angeben dürfen. Dann können potenzielle Arbeitgeber denjenigen anrufen, um sich über Sie und Ihre Arbeitsweise zu informieren. Oder Sie fragen nach, ob Ihr Befürworter Ihnen ein Empfehlungsschreiben erstellt.

Musterlebenslauf

Currículum vítae

Datos personales:

Nombre y apellido:	**Paul Jansen**
Dirección:	Stuttgarter Str. 9 71234 Stuttgart Alemania
Teléfono:	+49 711 2345678
e-mail:	p.jansen@xyz.de
Fecha de nacimiento:	2 de marzo de 1994
Lugar de nacimiento:	Stuttgart, Alemania
Nacionalidad:	alemán

Objetivo profesional:
Desarrollarme dentro de una empresa en las diversas áreas de la ingeniería.

Formación escolar:

2000 - 2004	1er ciclo de ESO, Stuttgart
2004 - 2012	2o ciclo de ESO y bachillerato, en Stuttgart (previsiblemente terminaré mis studios de bachillerato, la Selectividad incluida, en julio de 2012)
Idiomas:	excelente dominio del inglés y del español (tanto a nivel escrito como oral)
Otros conocimientos:	conocimientos de informática a nivel de usuario (MS Word, MS Excel)
Aficiones:	idiomas, automovilismo, música

Stuttgart, 23 de mayo de 2011

Paul Jansen

Sich auf eine Annonce beziehen
Referirse a una oferta de trabajo

Mit großem Interesse habe ich die Stellenanzeige für … in der gestrigen Ausgabe der … gelesen.	Con gran interés, he leído la oferta de empleo como/ para… publicada en (el) / en el número de ayer de…
Mit großem Interesse habe ich Ihrer Anzeige der heutigen Ausgabe der … entnommen, dass Sie einen … suchen.	Con gran interés he leído en la publicación de hoy de… su anuncio de trabajo en el que buscan…
Ich beziehe mich auf die Anzeige in … und möchte mich um die ausgeschriebene Stelle als … bewerben.	Me refiero a la oferta de trabajo publicada en…, por lo tanto me gustaría solicitarme para / en la vacante que ofrecen como / de…
Ich möchte mich auf die Stelle des … bewerben.	Me gustaría solicitar el empleo de…
Mit Interesse habe ich erfahren, dass Ihre Firma zurzeit … sucht / einstellt / einstellen möchte.	Me ha alegrado saber que en la actualidad su empresa está buscando / está contratando / quiere contratar…
Von *[Name]* habe ich erfahren, dass in Ihrer Firma demnächst die Stelle einer / eines … frei wird.	El Sr. / Sra. *[Nombre]* me informó (de) que próximamente en su empresa quedaría / quedará vacante un puesto de / como…

Sich um eine Lehrstelle bewerben
Solicitar un puesto de aprendizaje

Ich plane derzeit meinen weiteren Ausbildungsweg für die Zeit nach dem Abitur im kommenden Sommer.	Ahora estoy planeando mi formación para el próximo verano, después de haber aprobado la Selectividad / el bachillerato.
Ich strebe eine Ausbildung zum / zur … an.	Aspiro a realizar un aprendizaje / una formación como…
Es sind vor allem meine überdurchschnittlichen Leistungen in …, die mich zu einer erfolgreichen Ausbildung befähigen.	Mis rendimientos académicos en…, son superiores a la media, y ellos (son los que) me permiten llevar a cabo con éxito la formación.
Durch Ihre Anzeige im … habe ich erfahren, dass Sie mehrere Auszubildende suchen.	Gracias a su anuncio en… me he enterado que buscan varios aprendices / ofrecen varios puestos de formación.
Hiermit bewerbe ich mich um einen Ausbildungsplatz zum / zur …	Por la presente me gustaría solicitarme para un puesto de formación / aprendizaje como…

Mein Abitur werde ich im Juni nächsten Jahres mit gutem Erfolg abschließen.	En junio del año que viene finalizaré con éxito mis estudios de bachillerato.
Zurzeit besuche ich die ...-Schule in ..., die ich im Juni diesen Jahres mit dem Abitur verlassen werde.	En la actualidad asisto a la clase... en el Colegio... en... En junio de este mismo año finalizaré mis estudios/ mi bachillerato.
Meine berufliche Ausbildung würde ich am liebsten bei Ihnen absolvieren.	Preferiblemente me gustaría realizar mi formación profesional con ustedes.

Eine Blindbewerbung schicken
Enviar un curriculum vitae a ciegas

Hiermit möchte ich mich bei Ihnen (für eine Stelle) als ... bewerben.	Por (medio de) la presente me gustaría solicitar un empleo de...
Ich möchte mich bei Ihnen initiativ als ... bewerben.	Me agradaría solicitar por propia iniciativa un empleo de...
Ich bin an einer Tätigkeit als ... interessiert und wüsste gerne, ob bei Ihnen eine Stelle frei ist.	Estoy interesado, -a en labores / oficios de... y me gustaría saber si tienen algún puesto vacante.
Ich suche eine Stelle auf dem Gebiet / im Bereich ...	Me encuentro a la búsqueda de un puesto de trabajo / empleo en el terreno / en el área de...
Suchen Sie aktuell oder demnächst einen Mitarbeiter für den ... Bereich?	¿Buscan a corto o largo plazo un empleado / una empleada en el área de...?

Angaben zur eigenen Person machen
Informar sobre la propia persona

Ich habe kürzlich eine zweijährige Ausbildung zur / zum ... erfolgreich abgeschlossen.	Acabo de finalizar una formación profesional de dos años (de duración) en el campo de...
Ich bin ... Jahre alt.	Tengo... años de edad.
... habe ich als Aupair / als Freizeitbetreuer(in) in einem Sommercamp für Kinder in den USA gearbeitet.	...trabajé como aupair / como educador(a) en un campo de colonias para niños en EE.UU.
Ich gebe Nachhilfe-Unterricht in den Fächern ...	Doy clases particulares en las asignaturas de...
Ich arbeite derzeit als ...	En la actualidad trabajo como / de...
Meine derzeitigen Aufgaben umfassen ...	Mis obligaciones actuales abarcan...

Ich bin / war für ... verantwortlich.	(Yo) soy / era responsable de / encargado / encargada de / para...
Ich spreche fließend ...	Hablo fluidamente...
Ich verfüge über gute Spanischkenntnisse in Wort und Schrift.	Tengo buenos conocimientos de la lengua castellana / española tanto hablada como escrita.
Ich habe gute Kenntnisse in MS Office / Physik / der grafischen Bildbearbeitung.	Tengo buen dominio en MS Office / en física / en el tratamiento de imágenes y gráficos.
Das 10. Schuljahr habe ich in ... / im Ausland verbracht.	El 10o curso escolar lo cursé en... / en el extranjero.
Ich bin	Me considero una persona
kontaktfreudig, kommunikationsstark und teamfähig.	sociable, a la que le agrada comunicarse e intercambiar ideas y que trabaja perfectamente en grupo.
selbstständig.	independiente.
zuverlässig.	en la que se puede depositar confianza.
gewissenhaft / sorgfältig.	cumplidor(a) / pulcro, -a / esmerado, -a.
Ich besitze eine schnelle Auffassungsgabe und Organisationsgeschick.	Poseo cualidades para entender rápidamente nuevos deberes y una habilidad innata para la organización.
Zu meinen Stärken zählen Einsatzbereitschaft, Sorgfalt und Verantwortungsbewusstsein.	Mis rasgos característicos más positivos son el empeño, la diligencia y el sentido de la responsabilidad.
... gehören zu meiner Arbeitsweise.	... son parte de mi método de trabajo.
Teamorientiertes sowie selbständiges Arbeiten und Flexibilität sind für mich selbstverständlich.	La capacidad de trabajo (tanto) en grupo como individualmente y la flexibilidad son para mí características / aspectos que se sobreentienden.

Praktikumserfahrung angeben
Dar información sobre periodos de prácticas

Ich habe bereits ein dreimonatiges Praktikum in México absolviert.	Acabo de finalizar un periodo de prácticas de tres meses en México.
Während eines Betriebspraktikums bei der Firma ... konnte ich die verschiedenen Tätigkeiten und anfallenden Aufgaben eines / einer ... kennen lernen.	Durante un periodo de prácticas en la empresa... me fue posible conocer y desarrollar las diferentes labores y tareas que se dan en el puesto de...

Erste Kenntnisse über ... habe ich mir in einem einjährigen Lehrgang in ... angeeignet.	En un curso de... de un año de duración he adquirido conocimientos básicos respecto a...
Ich habe Grundwissen in ... erworben.	He obtenido conocimientos básicos en...
Während eines Auslandspraktikums konnte ich einen wertvollen Einblick in ... / erste Erfahrungen im Bereich ... gewinnen.	Durante un periodo de prácticas en el extranjero me he podido formar una idea de lo que significa trabajar en el terreno de / he podido adquirir (mi) experiencia en el terreno de...

Auf seinen Lebenslauf hinweisen
Mencionar al curriculum vitae

In der Anlage finden Sie meinen Lebenslauf mit weiteren Einzelheiten.	Adjunto encontrará mi curriculum vitae que le informará con todo detalle sobre mi persona.
Bitte beachten Sie meinen Lebenslauf.	Sea tan amable de tener en cuenta mi curriculum vitae adjunto.
Wie Sie in meinem Lebenslauf lesen können ...	Como podrá comprobar en mi curriculum vitae adjunto...

Interesse bekräftigen
Confirmar el interés

Ich bin sehr daran interessiert, meine Kenntnisse auf dem Gebiet / im Bereich von ... zu vertiefen.	Estoy realmente interesado, -a en profundizar mis conocimientos en el terreno / en el área de...
Ich bin überzeugt, dass ich die erforderliche Erfahrung und die nötigen Eigenschaften für die Stelle als ... mitbringe.	Estoy convencido, -a de poseer la experiencia requerida y las cualidades necesarias para obtener el empleo de...
Ich glaube für diese Stelle besonders geeignet zu sein.	Estoy convencido, -a de ser el candidato idóneo / la candidata idónea para este puesto de trabajo.
Ich glaube für diese Stelle den Anforderungen entsprechen zu können.	Estoy convencido, -a de cumplir con todos los requisitos necesarios para este puesto de trabajo.
Die praktische Tätigkeit hat mir gezeigt, dass der Bereich ... mir sehr viel Freude bereitet.	Las tareas prácticas me han mostrado que es en el área de... donde me encuentro realmente a gusto.

Der Beruf des / der ... ist genau der Beruf, den ich mir für die Zukunft vorstelle.	La profesión de... es exactamente y sin duda la que quiero desarrollar en un futuro.

Schlussformulierungen
Formulaciones finales

Sollte Ihnen meine Bewerbung zusagen ...	Si he conseguido despertar su interés con mi curriculum vitae...
Über die Einladung zu einem Vorstellungsgespräch / persönlichen Gespräch freue ich mich.	Me alegraría ser invitado, -a a / para una entrevista (personal).
Von meinem Können / meinen Qualifikationen / meiner Eignung werde ich Sie sicher in einem persönlichen Gespräch überzeugen.	Estoy seguro, -a que podré convencerle de mis habilidades / de mi capacidad / de mis aptitudes, en una entrevista personal.
Sehr gerne würde ich mich bei Ihnen vorstellen.	Me gustaría (ob)tener la oportunidad de (poder) presentarme personalmente.
Wann immer es Ihnen Recht ist, stehe ich für einen Gesprächstermin zur Verfügung.	Quedo a su entera disposición, para cuando Ud. considere una entrevista personal.
Ich könnte zum ... bei Ihnen anfangen.	Podría empezar a trabajar el... / Podría empezar en su empresa a partir del...
Ich freue mich auf Ihre (baldige) Antwort.	Me alegraría (mucho) recibir una (pronta) respuesta.

Bezug nehmen auf einen Artikel
En referencia a un artículo

Bezugnehmend auf Ihren Artikel „…" vom 26.11.2008 …	En referencia / relación a su artículo "…"del 26.XI.2008…
Ihr Artikel „…" vom 26.11.2008 …	Su artículo "…"del 26.XI.2008…
In Ihrem Artikel „…" vom 26.11.2008 schreiben Sie / schreibt *[Name]* / schreibt Ihr Autor *[Name]* …	En su artículo "…" del 26.XI.2008 escribía Ud. / escribe *[Nombre]* / escribe el autor *[Nombre]* …

Zustimmung / Ablehnung ausdrücken
Expresar acuerdo / desacuerdo

Ich war empört / enttäuscht / erstaunt / erfreut über Ihren Artikel „…" vom 26.11.2008.	Su artículo "…"del 26.XI.2008 me hizo sentir indignado, -a / decepcionado, -a / asombrado , -a / me encantó.
Mit großer Empörung / Enttäuschung / Freude las ich Ihren Artikel „…" vom 26.11.2008.	Con gran indignación / decepción / alegría leí su artículo "…" del 26.XI.2008.
Es stimmt einfach nicht, wenn der Autor / die Autorin behauptet, dass …	(Simplemente) no es cierto cuando el autor / la autora sostiene / afirma, que…
Ich schließe mich der Kritik des / der … an … an.	Me adhiero a la crítica de… respecto a…
Diese Behauptung ist sachlich unrichtig.	Es(t)a afirmación es objetivamente incorrecta.
Der Artikel ist oberflächlich / sorgfältig recherchiert.	La investigación para realizar el artículo ha sido superficial / meticulosa.
Der Artikel strotzt vor sprachlichen Fehlern.	En el artículo abundan los errores lingüísticos.
Der Artikel vermittelt ein vielschichtiges / eindrückliches / völlig falsches Bild von …	El artículo transmite una imagen multidimensional / impresionante / totalmente falsa de / respecto a…
Der Artikel ist einseitig / unsachlich / manipulativ.	El artículo resulta parcial / nada objetivo / manipulador.
Der Artikel ist differenziert / objektiv / ausgewogen.	El artículo resulta detallado / objetivo / equilibrado.
Der Artikel ist informativ / aufschlussreich.	En el artículo impera el tono informativo / instructivo.
Der Artikel ist lesenswert / interessant.	El artículo es digno de ser leído / interesante.

Der Artikel ist nichtssagend / belanglos / einfallslos / uninteressant.	El artículo es insignificante / irrelevante / sin imaginación / de poco interés.
Der Artikel vermittelt neue / keine neuen Einsichten.	El artículo transmite nuevos puntos de vista. / El artículo no transmite ningún conocimiento nuevo.
Der Autor / Die Autorin	El autor / La autora
liefert eine brillante Analyse.	nos presenta un análisis brillante.
zeigt profundes Sachwissen / zeigt sich als Kenner / Kennerin der Materie.	muestra profundos conocimientos en la materia / se muestra como un(a) conocedor(a) de / en la materia.
hat gut / schlecht recherchiert.	ha hecho un buen / mal trabajo de investigación.
zeigt sich vorurteilsfrei / gut informiert.	se muestra libre de prejuicios / bien informado.
verbreitet die üblichen Klischees.	esparce los clichés de costumbre.
verrät einen schlechten Stil, wenn er / sie schreibt ...	muestra / delata un pésimo estilo cuando escribe (que)...
Die Argumentation ist / ist nicht stichhaltig.	La argumentación es sólida y convincente / no es sólida ni convincente.

Weitere Gedanken anführen
Añadir otras reflexiones

Besonders gut hat mir gefallen ...	Particularmente me agradó / me gustó...
Ich war besonders erstaunt / empört zu lesen, dass ...	En especial me sorprendió / me indignó el leer que...
Der Autor / Die Autorin geht sogar noch weiter, indem er / sie ...	El autor / La autora incluso va más allá al / del...
Im weiteren Verlauf ergeben sich jedoch Widersprüche.	Sin embargo en el desarrollo / más adelante se dan una serie de contradicciones.
Des Weiteren führt der Autor / die Autorin aus, dass ...	Además el autor / la autora expone (que)...
Tatsächlich ... / Ferner ... / Im Gegensatz dazu ...	Efectivamente... / Además... / Al contrario que / de...
Ich behaupte sogar, dass ...	Incluso me atrevería a afirmar / decir que...
Sofern ich weiß ...	Según tengo entendido / creo...

Schlussgedanken
Conclusiones

Abschließend / Zusammenfassend muss ich sagen ...	Por último / En resumen tengo que decir que...
Das ist ein Artikel, den ich von Ihrer Zeitung nicht erwartet habe.	Jamás / Nunca hubiera esperado ver publicado en su periódico un artículo semejante.
Ihren Artikel habe ich mit großem Gewinn gelesen.	(El) leer su artículo ha sido para mí de gran provecho.
Ich werde Ihre Zeitschrift (mit Sicherheit) weiterempfehlen.	(Estén seguros (de) que) recomendaré su revista.
Ich überlege Ihre Zeitung abzubestellen.	Estoy considerando (el) anular la suscripción a su periódico.
Ihr Artikel spricht endlich aus, was viele nicht zu sagen wagten.	Su artículo se ha atrevido a manifestar por fin, lo que muchos otros no se han atrevido a decir.
Das ist populistische Meinungsmacherei.	Esto no es más que demagogia populista para las masas.

Tipps für einen gelungenen Leserbrief

Für Leserbriefe (span. *cartas al director*) gelten in vielerlei Hinsicht dieselben Regeln wie für einen formellen Brief (siehe Infokästen *Formelle Briefe schreiben* und *Formelle E-Mails schreiben* auf den Seiten 78 / 80). Allerdings haben Leserbriefe einige Besonderheiten.

Falls Sie den Namen des Herausgebers (span. *director*) einer Zeitung kennen, können Sie ihn direkt ansprechen. Ansonsten verwenden Sie die Anrede *Estimado Señor / Estimada Señora* oder *Estimados señores míos*. Vergessen Sie nicht die Angaben zu Ihrer eigenen Person: Adresse, Land, eventuell Alter und Beruf.

Informieren Sie sich auf der Website der Zeitung, welche Regeln für eine Leserbriefzuschrift gelten. Meistens schreiben die Publikationen eine maximale Wortanzahl vor. Normalerweise sind dies 150 bis 200 Wörter. Nur wenn Sie sich daran halten haben Sie die Chance auf eine Veröffentlichung. Anonyme Zuschriften werden nicht abgedruckt.

Schreiben Sie Ihren Brief so, als ob Sie den Herausgeber der Zeitung und nicht die Leserschaft ansprächen.

Untersuchen Sie im Vorfeld andere Leserbriefe auf ihre Machart: Sind sie eher förmlich oder eher ungezwungen formuliert? Ein Leserbrief an *El País* unterscheidet sich sprachlich von einem Brief an die *Revista Rolling Stone*.

Beschränken Sie Ihren Brief auf ein einziges Thema. In Frage kommen z. B. die Kritik an einem bestimmten Artikel oder ein Vorschlag zur verbesserten Zeitungsqualität. Dann wird Ihr Text auch nicht zu lang.

Sie können Ihren Brief per Post oder als E-Mail versenden. Jede Zeitung oder Zeitschrift gibt auf Ihrer Website eine Kontaktadresse an. Meist kann man auf der Homepage der betreffenden Zeitung zu fast allen Artikeln einen Kommentar auch direkt online verfassen.

Allgemeine Informationen angeben
Dar una información general

ein Film	una película / un film
ein Liebesfilm / ein Drama / ein Science-Fiction-Film / ein Western / ein Krimi / ein Horrorfilm / ein Actionfilm	una película de amor / de drama / de ciencia ficción / del oeste / thriller / de horror / de acción
eine romantische / groteske Komödie	una comedia romántica / grotesca
eine Tragikomödie / Teeniekomödie	una tragicomedia / una comedia juvenil
ein politischer / spannender Thriller	un thriller político / emocionante
ein Antikriegsfilm	una película pacifista / en contra de la guerra
ein typischer Hollywoodfilm	una película típica de Hollywood
ein Filmklassiker	un clásico del cine
eine Literaturverfilmung / eine Quichotte-Adaption	una adaptación (de una obra) literaria llevada al cine / una adaptación del Quijote para el cine
eine Verfilmung des Romans „…“	una adaptación cinematográfica de la novela "…"
ein Zeichentrickfilm / Animationsfilm	una película de dibujos animados / de animación / comics.
ein romantischer / ergreifender / verstörender / erotischer / kritischer / künstlerischer / komischer Film	una película romántica / conmovedora / apabullante / erótica / crítica / artística / cómica
ein Blockbuster	un blockbuster
ein Independentfilm / Low-Budget-Film	una película independiente / una película de bajo presupuesto
Der Film spielt in Amerika / im New York der 90er Jahre / im Mafiamilieu / im Jahr 1980.	La película se desarrolla en América / en el Nueva York de los años 90 / en un ambiente mafioso / en el año 1980.
Der Film wurde gedreht nach einer Romanvorlage von *[Name]*.	La película se filmó a partir de la adaptación de la novela de *[Nombre]*.

Filmische Mittel kommentieren
Comentar los recursos cinematográficos

Die Kamera zeigt ... / fährt heran / entfernt sich.	La cámara muestra... / se acerca / se aleja.
Die Kamera folgt dem Helden / der Heldin.	La cámara (per)sigue al héroe / a la heroína.
In einem schnellen Kameraschwenk sieht man plötzlich ...	En un giro veloz de la cámara se puede apreciar repentinamente...
In dieser Einstellung / Nahaufnahme / Totalen	En este plano / plano corto / plano panorámico
sieht man ...	se ve...
zeigt uns die Kamera ...	la cámara nos muestra...
erfährt man etwas über die Charaktere / das Milieu / die Umgebung.	se transmite información sobre los personajes / el ambiente / el medio.
wird deutlich, dass ...	se hace patente que...
Mit dieser Einstellung	Con este plano / enfoque.
erreicht der Regisseur / die Regisseurin, dass ...	el director / la directora consigue (que)...
vermittelt der Regisseur / die Regisseurin ...	el director / la directora transmite...
wird die Aufmerksamkeit des Publikums auf ... gelenkt.	se capta la atención del público sobre...
Die Kameraführung ist ruhig / bewegt / hektisch.	La cámara / La forma de filmar es sosegada / muy movida / nerviosa.
Schnelle Schnitte erhöhen die Spannung.	Los cortes rápidos hacen que aumente la tensión.
Im Hintergrund / Vordergrund sieht man ...	En segundo plano / primer plano se puede observar...
Der Soundtrack unterstreicht die / schafft eine romantische / spannende / melancholische Atmosphäre.	La banda sonora hace resaltar la atmósfera / consigue una atmósfera romántica / de tensión / melancólica.
In diesem Augenblick setzt die Musik ein / hört die Musik auf / wird die Musik lauter / leiser.	En ese momento la música comienza / deja de sonar / incrementa el volumen / disminuye de volumen.

Mit anderen Filmen vergleichen
Comparar una película con otras

Wie schon bei „Alles über meine Mutter" ...	Como en caso / (en) el caso de "Todo sobre mi madre"...
Es finden sich viele Filmzitate, z. B. aus ...	En esta película hayamos gran número de citas cinematográficas, por ejemplo de...
Der Film ist offensichtlich von *[Name]* inspiriert.	Es evidente que la película se inspira en *[Nombre]*.
Der Film erinnert an ... von *[Name]*.	La película recuerda a... de *[Nombre]*.
Dies ist eine romantische Komödie im Stil der alten Screwball-Komödien.	Esta es una comedia romántica al estilo de las viejas comedias de enredo de Hollywood.
Die Ästhetik erinnert an die Schwarz-Weiß-Filme der 30er Jahre.	La estética de la película recuerda a los filmes en blanco y negro de los años 30.

Über die Mitwirkenden informieren
Proporcionar información sobre el reparto y el resto del equipo

der Schauspieler / die Schauspielerin	el actor / la actriz
der Regisseur / die Regisseurin	el director / la directora
der Produzent / die Produzentin	el productor / la productora
der Komponist / die Komponistin	el compositor / la compositora
der Ausstatter / die Ausstatterin	el director artístico / la directora artística
der Cutter / die Cutterin	el montador / la montadora
der Oskarpreisträger / die Oskarpreisträgerin (für ...)	el ganador / la ganadora del / de un Oscar (por...)
Der Regisseur / Die Regisseurin so erfolgreicher / innovativer / mutiger Filme wie ...	El director / La directora de películas de gran éxito / innovadoras / audaces / atrevidas como...
Neben diesem Film hat *[Name]* auch schon in Filmen wie „..." mitgewirkt.	Además de en esta película *[Nombre]* también había colaborado ya en películas como "...".
[Name] war zuletzt in ... zu sehen.	A *[Nombre]* lo / la vimos por última vez en...
[Name] führt dieses Mal Regie.	Esta vez *[Nombre]* será el director / la directora.

[Name], eine der vielversprechendsten Nachwuchstalente unserer Zeit ...	*[Nombre]*, uno de los talentos de nueva cantera actuales que prometen....
[Name] glänzt in der Rolle des ...	*[Nombre]* brilla en el papel de / hace un papel magistral / un papelazo en...

Die Botschaft des Films
El mensaje de la película

Der Film	La película / El film
zeigt / macht deutlich ...	muestra / hace ver...
kritisiert / verurteilt ...	critica / sentencia...
spricht sich für ... aus.	se pronuncia en favor de...
plädiert für ...	aboga / intercede por ...
ergreift die Partei von ...	toma partido por...
warnt vor den Folgen von ...	advierte sobre las consecuencias de...
hat eine nationalistische / pazifistische / Gewalt verherrlichende / konservative / gesellschaftskritische / antirassistische Botschaft.	lanza un mensaje nacionalista / pacifista / que enaltece la violencia / conservador / crítico con la sociedad / antirracista.
will nur unterhalten.	solo pretende entretener / ser un mero pasatiempo.
vermittelt allgemeine / moralische / religiöse / christliche / konservative Werte.	transmite valores generales / morales / religiosos / cristianos / conservadores.

Ihre Reaktion und Bewertung
Su reacción y evaluación

Mir hat der Film gefallen / nicht gefallen, weil ...	A mí me ha gustado / no me ha gustado la película porque...
Der Film hat mich berührt / tief beeindruckt / kalt gelassen / zum Weinen gebracht / zum Lachen gebracht.	La película me ha conmovido / impresionado profundamente / dejado indiferente / hecho llorar / hecho reír.
Ich konnte mit dem Film wenig / nichts anfangen.	La película no me ha dicho mucho / nada.

Der Film ist	La película es
originell / spannend / wichtig / sehenswert.	original / emocionante / importante / digna de ver.
ein Abklatsch / langweilig / belanglos.	una mala copia / aburrida / intrascendente.
ein typischer Hollywoodfilm / abseits des Mainstreams.	típica del cine de Hollywood / se aleja de las corrientes de moda .
künstlerisch wertvoll / lieblos heruntergedreht.	artísticamente valiosa / está filmada sin ningún tipo de sensibilidad artística.
traurig / komisch / romantisch.	triste / divertida / romántica.
Der Film hat eine starke / beunruhigende / verstörende Bildersprache.	La película posee un lenguaje metafórico potente / inquietante / apabullante.
Ich würde mir den Film nicht noch einmal ansehen.	No volvería a ver la película / verla otra vez.
Ich würde mir den Film immer wieder ansehen.	Podría ver la película / verla una y otra vez.

Filmische Mittel

Tiros de cámara – Kameraeinstellung / Einstellungsgröße

plano general = Establishing Shot	Eine sehr offene weite Einstellung meist zu Anfang einer Szene. Sie führt den Spielort ein. Dabei bewegt sich die Kamera von oben nach unten. Eindrückliche Beispiele sind die jeweils ersten Einstellungen der *Star Wars* Filme.
plano conjunto = Totale	Diese Einstellung kommt mitten in einer Szene vor. Im Gegensatz zum *plano general* fehlt ihr die charakteristische Kamerabewegung. Füllt eine Person beinahe die gesamte Höhe der Leinwand aus, gilt dies ebenfalls als *plano conjunto*.
plano medio = Amerikanische Einstellung	Die Schauspieler werden von der Hüfte aufwärts gezeigt. Es kann zusätzlich Bildhintergrund gezeigt werden.
plano medio corto = Großaufnahme	Diese Einstellung zeigt den Schauspieler ungefähr von den Schultern aufwärts.

plano detalle = Detailaufnahme	Ein *plano detalle* zeigt nur Details, z. B. Augen oder Mund eines Darstellers.
plano secuencia = subjektive Einstellung	Die Kamera befindet sich ungefähr auf Augenhöhe. So nimmt man die Geschehnisse mit den Augen eines Betroffenen war. Häufig wackelt die Kamera, um weitere Intensität zu erzeugen. Dies ist oft in Horrorfilmen zu finden, z. B. in *The Blair Witch Project.*

Movimiento de cámara – Kamerabewegung

panorámica horizontal = Schwenk	Ein Schwenk mit der Kamera von rechts nach links oder umgekehrt. Die Kamera ist auf einem Stativ montiert und bleibt auf einer Höhe.
panorámica vertical = vertikaler Schwenk	Wie der *panorámica horizontal* mit einem Unterschied: Die Kamera bewegt sich in der Vertikalen, also von oben nach unten oder umgekehrt.
desplazamiento de cámara (en dolly o en grúa) = Kamerafahrt, Mitschwenk	Die Kamera ist auf Schienen montiert und verfolgt ein bewegliches Objekt. Beim *desplazamiento de cámara en grúa* verfolgt die Kamera das Objekt mit gleich bleibendem Abstand. Beim *desplazamiento de cámara en dolly* bewegt sich die Kamera auf das Objekt zu bzw. davon weg.
zoom = Zoom	Beim *zoom in* wird ein Bild näher herangeholt. Beim *zoom out* entfernt sich die Kamera optisch vom betreffenden Gegenstand. Beidem liegt eine Veränderung am Objektiv zugrunde.

Montaje – Schnitttechnik

corte = Schnitt	Eine Einstellung wird von einer anderen abgelöst.
montaje paralelo = Umschnitt	Zwischen zwei oder mehreren verschiedenen Handlungssträngen wird hin- und hergeschnitten. Dadurch werden die Handlungen als gleichzeitig wahrgenommen.

fundido en negro = Aufblende / Abblende	Eine Einstellung wird zu einem schwarzen Bild abgedunkelt. Anschließend geht sie in eine neue Einstellung über. So wird ein Wechsel von Ort und Zeit verdeutlicht.
parada = Jump Cut	Bei dieser Schnitttechnik werden größere Teile der Handlung weggeschnitten. Trotzdem soll dem Betrachter vermittelt werden, dass die betreffenden Szenen stattgefunden haben. Beispiel: Ein Mann verlässt das Haus. In der nächsten Einstellung betritt er einen riesigen Bürokomplex. Klar ist: Der Mann ist dorthin gekommen. Ob mit dem Auto oder zu Fuß wird nicht erläutert. Es ist für den Verlauf der Geschichte nicht wichtig.
toma y contratoma = parallele Einstellung	Eine Einstellung endet mit einer bestimmten Bildkomposition. Diese wird in der nächsten Einstellung erneut aufgenommen. So entsteht ein starker Zusammenhang zwischen beiden Szenen.
superposición = Mischbild	Eine Einstellung wird von der nächsten überlagert.

II. Gut zu wissen!

Richtig recherchieren

Nicht auf das Aussehen, auf die inneren Werte kommt es an! Was für Freundschaft und Liebe gilt, trifft auch auf einen richtig guten Text zu. Hält er alle wichtigen Informationen zu einem Thema bereit, zieht er die Leser in seinen Bann. Werden Sie deshalb zum Detektiv! Spüren Sie die Hintergründe und Umstände eines Ihnen unbekannten Sachverhalts auf. Dann fällt es Ihnen leichter, darüber einen gelungenen Text zu verfassen - egal, wie komplex das Thema auch sein mag.

Schritt 1: Um was soll es gehen?

- Überlegen Sie genau, welches Thema der Text behandeln soll.
- Klären Sie Ihnen unbekannte Begriffe.
- Machen Sie sich Notizen. Diese dürfen unsortiert sein. Es reichen Stichwörter. Einfach, was Ihnen im Kopf herum schwirrt!

Schritt 2: Die Recherche

- Nutzen Sie zunächst gewöhnliche Lexika, um einen Einstieg ins Thema zu finden.
- Anschließend beantworten Fachbücher die spezielleren Fragestellungen.
- Schalten Sie erst dann den Computer ein. Das Internet bietet eine Fülle von Informationen zu allen erdenklichen Themen. Doch Vorsicht! Achten Sie darauf, dass auf den Websites klar zu erkennen ist, woher die darauf veröffentlichten Daten stammen. Angaben über den Herausgeber finden Sie im sogenannten „Impressum". Manchmal ist auch ein Quellenverzeichnis aufgeführt. Nur so können Sie belegen, woher Ihr Wissen stammt. Das ist gerade bei strittigen Themen ratsam. Diese stellen die Autoren oft aus einem sehr persönlichen Blickwinkel dar.
- Machen Sie auch hierzu Notizen. Diese dürfen etwas ausführlicher sein.

Schritt 3: Die Gedanken sortieren

- Bei vielen Informationen verliert man schnell den Überblick
- Strukturieren Sie nun die unsortierten Notizen aus Schritt 1 und 2. Eine gute Möglichkeit hierfür ist die Mind-Map (siehe Infofenster *Mind-Map* auf der gegenüberliegenden Seite). Manchmal bietet sich auch eine Tabelle an.
- Ergänzen Sie Ihre sortierten Aufschriebe mit Kopien oder Ausdrucken aus dem Internet

Mind-Map: Gedanken einfach und schnell sortieren

Manchmal ist der eigene Kopf mit Ideen so voll gestopft wie ein großer Teller am Nachtischbüfett - zum Beispiel, wenn Sie einen Text schreiben wollen. Aber welche Informationen sind dabei wirklich wichtig? Und welche Reihenfolge macht am meisten Sinn? Mit einer **Mind-Map** (engl. etwa „Gedanken-Landkarte") lassen sich die eigenen Gedanken übersichtlich sortieren. Wofür Sie die Mind-Map genau einsetzen, bleibt Ihnen überlassen. Mögliche Anwendungsbereiche sind: Sie erstellen einen Sachtext, Sie machen ein Brainstorming, Sie planen einen Vortrag,
Sie strukturieren Gelerntes für die Vorbereitung einer Klassenarbeit, Sie strukturieren Informationen aus einem Text.

Tipps für eine hilfreiche Mind-Map:

- Verwenden Sie unliniertes Papier. Das Blatt sollte mindestens das Format A4 haben.
- Legen Sie das Papier quer, um seitlich genügend Platz zu haben.
- Das Thema steht in der Mitte, eventuell mit einer Zeichnung verdeutlicht.
- Zeichnen Sie für jedes Schlüsselwort einen neuen Hauptast.
- Benutzen Sie für jeden Hauptast eine eigene Farbe.
- Jeder Hauptast wird in derselben Farbe mit dem Schlüsselwort in Blockbuchstaben beschriftet.
- Die Hauptäste sind mit dem Mittelpunkt verbunden und werden zum Mittelpunkt hin dicker.
- Jeder Hauptast kann sich in weitere Zweige verästeln. Damit alles verständlich bleibt, sollten Sie nicht mehr als sieben Zweige pro Hauptast einsetzen.
- Benutzen Sie für die Zweige dieselbe Farbe wie für den Hauptast.
- Die Zweige werden ebenfalls in derselben Farbe mit Unterbegriffen versehen.
- Zweige sind mit den Hauptästen verbunden und dünner gezeichnet als die Hauptäste.
- Benutzen Sie Symbole (z. B. ein Ausrufezeichen für „wichtig", Pfeile, Bilder).
- Sie können die Zweige nummerieren. Dadurch entsteht eine chronologische Reihenfolge. Das kann z. B. hilfreich sein, wenn Sie einen längeren Text erstellen. Dann entspräche Zweig Nummer 1 dem Kapitel 1.
- Gestalten Sie jede Mind-Map ein wenig schöner, phantasievoller und farbiger als die vorhergehende.

Literarische Genres

autobiografía = Autobiografie	Ein Buch über das eigene Leben. Oft schreibt die betreffende Person die **Autobiografie** nicht selbst. Sie lässt den Text von jemand anderem anfertigen. Dieser sogenannte Ghostwriter wird aber nicht als Autor genannt.
biografía = Biografie	**Biografien** beschreiben die wichtigsten Stationen im Leben einer oftmals berühmten Person. Im Gegensatz zum Lebenslauf ist eine *Biografie* ein langer erzählender Text. Meist liest er sich ähnlich wie ein Roman.
comedia = Komödie	Die **Komödie** ist eine Unterform des Dramas. Sie steht im Gegensatz zur Tragödie (siehe unten). Inzwischen weist die Komödie als Hauptmerkmal tatsächlich **Komik** (lustige Situationen oder Handlungen) auf. Früher war dies jedoch nicht der Fall. Das glückliche Ende war das zentrale Merkmal.
novela picaresca = Schelmenroman, pikaresker/ pikarischer Roman	Der **Schelmenroman** oder **pikaresker/pikarischer Roman** ist eine Sonderform des Abenteuerromans. Dabei überwiegen **komische und satirische Elemente**. Im Mittelpunkt steht der Schelm (Spanisch: *picaro*), der in der Ich-Form seine Erlebnisse und Abenteuer erzählt. Er schreckt vor keiner List oder unerlaubten Machenschaft zurück, um sich durchzuschlagen. Der Ich-Erzähler stammt aus der Schicht der sozial Unprivilegierten. Er steht im Dienste verschiedener Herren. So hat der Schelm Berührungspunkte mit unterschiedlichen sozialen Schichten. Diese beleuchtet der Schelmenroman kritisch.
poesía épica = (Helden)epos	In einem **Epos** dreht sich alles um einen (Volks)helden und seine Abenteuer. Das dramatische Gedicht ist in gehobener Sprache verfasst. Die Hauptfigur begibt sich meist auf eine Reise. Währenddessen muss der Held verschiedene Aufgaben meistern, z. B. einen Drachen töten. Unterwegs begegnen ihm viele Gegner, die er besiegen muss. Am Ende kehrt der Held als besserer Mensch nach Hause zurück.
fábula = Fabel	In einer **Fabel** spielen Tiere, Pflanzen oder Naturkräfte die Hauptrolle. Sie bekommen menschliche Eigenschaften zugeschrieben, z. B. sprechen oder sich verlieben. Fabeln sollen den Menschen vermitteln, was gut und schlecht ist: sie erzeugen eine **Moral**.

novela de aventuras = Abenteuerroman	Im Mittelpunkt des **Abenteuerromans** steht eine Abfolge aufregender und gefährlicher Geschehnisse. Die Personen und ihre Absichten treten dabei in den Hintergrund. Die spannende Handlung an sich ist am wichtigsten.
literatura policíaca = Kriminalliteratur	In **Kriminalromanen** dreht sich meist alles um ein Verbrechen. Ein Ermittler oder ein Team versuchen die Geschehnisse aufzuklären. Oft stehen diese Personen im Mittelpunkt der Handlung. Die meistens Krimis ergründen die psychologischen oder gesellschaftlichen Ursachen und Umstände von Verbrechen. Auch der klassische **Detektivroman** gehört zu diesem Genre. Dabei hat ein genialer Detektiv mit häufig übermenschlichen Fähigkeiten die Hauptrolle, z. B. in Arthur Conan Doyles *Sherlock Holmes*.
ficción histórica = historische Literatur	Die Handlung eines **historischen Romans** besteht aus teils erfundenen, teils tatsächlich existierenden Ereignissen oder Personen. Meistens sind die Figuren erfunden und die Handlung historisch korrekt. Manchmal erlebt aber eine reale Person eine ausgedachte Handlung.
ficción fantástica = Fantasyliteratur	**Fantasyromane** spielen in erdachten Welten. In diesen gelten oftmals andere Gesetze als in unserer Realität, z. B. können Menschen fliegen. Meist kommen auch nicht menschliche Wesen in der Handlung vor, z. B. Elfen und Trolle. J.R.R Tolkiens Trilogie *Lord of the Rings* ist eines der bekanntesten Werke der Fantasyliteratur.
novela gótica = Schauerroman	Der **Schauerroman** ist ein Vorläufer des Horror-Romans. Er befasst sich mit übernatürlichen Kräften, Gespenstern, Vampiren und dergleichen. Meist spielen **Schauerromane** in abgelegenen Schlössern oder Burgen, in denen eine unheimliche Atmosphäre herrscht. Dort werden die Hauptfiguren von den Schreckgestalten bedroht. Einer der wichtigsten Vertreter dieses Genres ist Mary Shelleys *Frankenstein*.
romance = Romanze	Als **Romanze** bezeichnet man eine episch-lyrische Gedichtform. Sie ist eine volkstümliche Form des Erzählliedes und entspricht in etwa der Ballade. Die **Romanze** ist in achtsilbigen Versen mit gleich bleibender Assonanz verfasst. Sie ist nicht in Strophen eingeteilt. Ihre Anfänge gehen bis in das 14. Jahrhundert zurück. Neben **Liebesromanzen** entstanden vor allem auch **Heldenromanzen**. Diese gehen auf Sagen und Legenden sowie Ereignisse aus der spanischen Geschichte zurück.

sátira = Satire	Die **Satire** bedient sich der **Ironie**, der **Parodie** und der **Übertreibung**. Dadurch verweist der Autor auf individuelle oder allgemeine menschliche Schwächen. Diese werden schonungslos offen gelegt. Berühmte Autoren satirischer Werke sind z. B. Miguel de Cervantes, Luis de Góngora und Francisco de Quevedo.
ciencia ficción = Sciencefiction	**Science-Fiction-Texte** spielen meist in der Zukunft. Manchmal handeln sie aber auch von einer erfundenen Welt. Dieses Genre beschäftigt sich mit den (noch) nicht realisierbaren Möglichkeiten der Technik und deren Auswirkungen, z. B. Zeitreisen oder Leben auf dem Mond. **Sciencefiction** überschneidet sich teilweise mit dem **Fantasyroman** und der **Utopie**.
tragedia = Tragödie	Die Hauptfigur einer **Tragödie** scheitert am eigenen Leben. Meist endet die Geschichte mit dem **Tod des Protagonisten**. Die Hauptfigur hat oftmals einen **Charakterfehler**. Dieser ist die Ursache aller Probleme. Allerdings kann es sich auch um ein ‚schuldloses Scheitern' handeln. Dann begeht die Hauptfigur einen Fehler, dessen sie sich aber nicht bewusst ist. Besonders in der klassischen Tragödie ist außerdem die **Fallhöhe des Protagonisten** wichtig: Je höher er in der Gesellschaft gestellt ist, desto schlimmer ist die Niederlage für ihn. Eine typische Position wäre z. B. der König.

Das Metrum

Dam dam dam – was für ein Rhythmus! Bei einem guten Song geht er sofort in die Beine, bei einem Gedicht irgendwie in Ohr und Kopf. Das ist kein Zufall: das Versmaß, auch **Metrum** (*métrica*) genannt, beschreibt die Melodie eines Gedichts.

Die **versificación regular** (auch **silábica** gennant) ist das wichtigste Metrum im Spanischen. Sie beruht auf der Anzahl der grammatischen Silben in einem Vers. Ähnlich wichtig ist die **versificación irregular** (auch **libre** genannt). Sie beruht auf der Betonung der Silben.

Im Folgenden wird nur die **versificación regular** näher erläutert:

1. Die Silbenzählung

Ermitteln Sie zunächst die Anzahl der phonologischen Silben. Dies gelingt mit den üblichen Silbentrennungsregeln. Anschließend kommen metrische Phänomene hinzu.

a) Silbentrennungsregeln

Normalerweise sind Verse im Spanischen auf der vorletzten Silbe betont. Ist jedoch die letzte Silbe *(palabra aguda)* betont (pasi-**ón**, coraz-**ón**), wird eine Silbe dazugezählt. Liegt die Betonung auf der vorvorletzten Silbe *(palabra esdrújula)* (enigm-á-**ti**-**ca**, p-á-**ja**-**ro**), zieht man eine Silbe ab.

b) Vier **metrische Phänomene** spielen ebenfalls eine Rolle bei der Silbenzählung:

1. **Sinalefa** (Synalöphe): Dabei wird nur eine metrische Silbe gezählt. Voraussetzung ist, dass ein Wort auf einen Vokal endet. Dieser Vokal verschmilzt mit dem anlautenden Vokal des folgenden Wortes zu einem Diphthong. Beispiel: s**e**-**e**stán, l**a**-**e**dad
2. **Dialefa** oder **hiato** (Hiatus): Der Hiatus ist das Gegenteil der Synalöphe. Dabei werden der Endvokal eines Wortes und der Anfangsvokal des darauffolgenden Wortes betont und als zwei Silben gezählt (**mi ha**do, **te a**ma).
3. **Sinéresis** (Synärese): Zwei Vokale werden zu einer Silbe zusammengezogen (p**oe**-sí-a, au-r**eo**-la).
4. **Diéresis** (Diärese): Die Diärese ist das Gegenteil der Synärese. Dabei werden zwei Vokale, die eigentlich einen Diphthong bilden müssten, getrennt ausgesprochen (in-sa-c**i**-**a**-ble, r**u**-**i**-do).

2. Einteilung der Verse nach Silbenzahl

a) **versos simples** (Kurzverse):Verse mit bis zu elf Silben. Innerhalb dieser Kategorie gibt es eine weitere Unterteilung:

- Verse mit einer Länge von 2-8 Silben sind **versos de arte menor**. Der **octosílabo** (Achtsilber) ist der beliebteste und meistverbreitete Kurzvers in der spanischen Lyrik und gilt als Nationalvers. Beispiele:

  Cuéntale al mundo tus dichas,
  y no le cuentes tus penas, [...]
  (Volkslied)

  Amapolita morada
  del valle donde nací:
  sino estás enamorada,
  enamórate de mí.
  (Alfonso Reyes, *Glosa de mi tierra*)

- Verse mit einer Länge von 9-11 Silben werden als **versos de arte mayor** bezeichnet. Am häufigsten ist der **endecasílabo** (Elfsilber). Beispiel:

  Éstos los sauces son y ésta la fuente,
  los montes éstos, y ésta la ribera
  donde vi de mi sol la vez primera
  los bellos ojos, la serena frente.
  (Lope de Vega)

  Beim **endecasílabo** (Elfsilber) werden vier Betonungstypen unterschieden: **endecasílabo enfático** (Betonung der Silben 1, 6 und 10), **endecasílabo heroico** (2, 6, 10), **endecasílabo melódico** (3, 6, 10) und **endecasílabo sáfico** (4, 6 oder 8, 10). Der **endecasílabo** ist für die Dichtung in Sonettform von großer Bedeutung.

b) **versos compuestos** (Langverse): zwölf und mehr Silben. Für sie ist eine **cesura** oder **pausa** (Zäsur) in der Versmitte typisch.

Der **alejandrino** (Alexandriner) besteht aus 14 Silben auf zwei **hemistiquios** (Halbversen) verteilt. Er ist nach der siebten Silbe durch eine **cesura** oder **pausa** (Zäsur) getrennt. Der **alejandrino** ist spielt eine wichtige Rolle in der Lyrik der Moderne. Beispiel:

El hombre de estos campos / que incendia los pinares (7 + 7)
y su despojo aguarda / como botín de guerra, (7 + 7)
[...]
(Antonio Machado, *Por tierras de España*)

Reim

Was ist typisch für ein Gedicht? Dass es sich reimt! Wörter, die gleich oder ähnlich klingen, machen einen **Reim** aus. Diese Wörter stehen meist am Ende einer Zeile. Doch nicht das ganze Wort reimt sich, sondern nur dessen Endsilben. Eine Endsilbe ist die letzte Silbe eines Wortes. Klingt sie gleich oder ähnlich wie die Endsilbe eines anderen Wortes, entsteht der **Reim**. Solche **Reime** unterscheiden zusammen mit dem **Metrum** einen lyrischen von einem prosaischen Text. In der modernen Lyrik hat die Bedeutung des Reims jedoch abgenommen.

1. Das Spanische unterscheidet Reimformen mit unterschiedlicher **phonologischer Struktur**. Die wichtigsten sind:

a) **Rima total**, auch **rima consonante** oder **rima perfecta** (Vollreim oder Reiner Reim) genannt. Der **rima total** gilt als die häufigste Reimform, bei der die gereimten Wörter am Ende einer Verszeile stehen. Einerseits können die sich reimenden Silben dabei identisch sein. Andererseits können sie gleich ausgesprochen, aber unterschiedlich geschrieben werden. Beispiel:

*Abiertas copas de oro deslumbr**ado***
*sobre la redondez de los verd**ores***
*bajos, que os arrobáis en los col**ores***
*mágicos del poniente enarbol**ado**;*
(Juan Ramón Jiménez, *Árboles altos*)

b) **Rima parcial**, auch **rima vocálica** oder **rima imperfecta** (Halbreim oder Unreiner Reim) genannt. Die hörbare Lautfolge der Reimsilben stimmt nur fast überein. Die betonten Vokale im Reim klingen zwar gleich, doch die Konsonanten hören sich unterschiedlich an. Beispiel:

Ajustada a la sola
*desnudez de tu cu**e**rp**o**,*
entre el aire y la luz
*eres puro elem**e**nt**o**.*
(Jorge Guillén, *Salvación de la primavera*)

c) **Rima masculina** (männlicher Reim): Die Betonung liegt auf der letzten betonten Silbe einer Verszeile. Beispiel:

En el silencio sólo se escuchaba
*Un susurro de abejas que son**aba***
(Garcilaso de la Vega, *Égloga Tercera*)

d) **Rima femenina** (weiblicher Reim): Der weibliche Reim ist zweisilbig. Dabei ist die vorletzte Silbe betont und die letzte unbetont:

*Salamanca, Salam**anca**,*
*renaciente marav**illa**;*
*académica pal**anca***
*de mi visión de Cast**illa***
(Miguel de Unamuno, *Salamanca, Salamanca*)

2. Die vier wichtigsten Reimschemata **am Versende** sind:

Rima continua (Haufenreim): aaaa, bbbb etc.

*Yo maestro Gonçalvo de Verceo nomn**ado**,* **a**
*yendo en romería caeçí en un pr**ado**,* **a**
*verde e bien sençido, de flores bien bobl**ado**,* **a**
*logar cobdiçiaduero pora omne cans**ado**.* **a**

*Davan olor sovejo las flores bien ol**ientes**,* **b**
*refrescavan en omne las [carnes] e las m**ientes**;* **b**
*manavan cada canto fuentes claras corr**ientes**,* **b**
*en verano bien frías, en ivierno cal**ientes**.* **b**
(Gonzalo de Berceo, *Milagros de Nuestra Señora*)

Rima gemela (Paarreim): aa bb cc etc.

*Estas pobres canciones que te cons**agro**,* **a**
*en mi mente han nacido por un mil**agro**.* **a**
*Desnudas de las galas que presta el **arte**,* **b**
*mi voluntad en ellas no tiene p**arte**:* **b**
*yo no sé resistirlas ni suscit**arlas**;* **c**
*Yo ni aun sé comprenderlas al formul**arlas**;* **c**
(Federico Balart, *Restitución*)

Rima abrazada (umarmender oder umschließender Reim): abba cddc etc.

*Desmayarse, atreverse, estar furi**oso**,* **a**
áspero, tierno, liberal, esqu**ivo**, **b**
*alentado, mortal, difunto, v**ivo**,* **b**
*leal, traidor, cobarde y anim**oso**;* **a**

*no hallar fuera del bien centro y rep**oso**,* **c**
*mostrarse alegre, triste, humilde, alt**ivo**,* **d**
*enojado, valiente, fugit**ivo**,* **d**
*satisfecho, ofendido, recel**oso**;* **c**
(Lope de Vega, *Desmayarse, atreverse, estar furioso*)

Rima encadenada oder **rima cruzada** (Kreuzreim): abab cdcd etc.

*Dueña de la negra t**oca**,*	**a**
*La del morado monj**il**,*	**b**
*Por un beso de tu b**oca***	**a**
*Diera a Granada Boabd**il**.*	**b**
*Diera la lanza mej**or***	**c**
*Del Zenete más biz**arro**,*	**d**
*Y con su fresco verd**or***	**c**
*Toda una orilla del D**arro**.*	**d**

(José Zorrilla, *Oriental*)

Stilmittel

aliteración = Alliteration *Wiederholung gleicher Anfangslaute bei aufeinanderfolgenden Wörtern, um eine größere Einprägsamkeit zu bewirken.*	"El **r**uido con que **r**ueda la **r**onca tempestad." (José Zorrilla, *La Tempestad*) "Lo**s** **s**u**s**piros **s**e e**s**capan de **s**u boca de fre**s**a, [...]" (Rubén Darío, *Sonatina*)
alusión = Anspielung *Anspielung auf eine Person, einen Gegenstand, einen Ort, ein Konzept, ein Ereignis aus der Geschichte oder der Literatur.*	"Era del año la estación florida en que el mentido robador de Europa [...]" (Luis de Góngora y Argote, *Soledad Primera*)
anáfora = Anapher *Wiederholung eines Wortes oder einer Wortgruppe in aufeinanderfolgenden Sätzen, Versen usw.*	**"Mientras** las ondas de la luz al beso palpitan encendidas; **Mientras** el sol las desgarradas nubes de fuego y oro vista; **Mientras** el aire en su regazo lleve perfumes y armonías; **Mientras** haya en el mundo primavera ¡Habrá poesía!" (Gustavo Adolfo Bécquer, *Rimas*)
asonancia = Assonanz *Wiederholung gleich oder ähnlich klingender Vokale in benachbarten Wörtern, um einen klanglichen Effekt zu erzeugen.*	**Oro**, ll**oro** e impl**oro**, cuando estoy s**olo** y rememo**ro**...
elipsis = Ellipse *Auslassung von Satzteilen.*	Félix cantaba una canción romántica, sin embargo, sus amigos, unos boleros. (anstatt: "...*cantaban* unos boleros.")
hipérbole = Hyperbel *Bewusste Übertreibung, um etwas hervorzuheben oder Humor auszudrücken.*	Todo el pueblo sabe que soy inocente. Cada zapato podría ser la tumba de un filisteo.

alegoría = bildhafte Sprache *Bildhafte Sprache, oft aus einem bestimmten Bereich (Natur, Tierwelt), um Assoziationen und Bilder zu erzeugen.*	"Este mundo es el camino para el otro, que es morada sin pensar mas cumple tener buen tino para andar esta jornada sin errar […]" (Jorge Manrique, *Coplas por la muerte de su padre*)
inversión = Inversion *Wortumstellung, um etwas hervorzuheben.*	"Del monte en la ladera, **por mi mano plantado**, tengo un huerto […]" (Fray Luis de León, *Vida retirada*)
ironía = Ironie *Das Gegenteil von dem sagen, was man eigentlich meint.*	Qué bien nos lo estamos pasando. *(um Langeweile auszudrücken)* ¡Qué bien! *(um Missfallen auszudrücken)* ¡Qué amable! *(= wie unfreundlich!)*
metáfora = Metapher *Gebrauch bekannter Wortbedeutungen in einem übertragenen Sinn, um dadurch ungewöhnliche oder überraschende Zusammenhänge herzustellen.*	"Murallas azules, olas, del África van y vienen." (Rafael Alberti, *Murallas azules, olas*) Sus labios eran rojos como el clavel. La primavera de la vida…
onomatopeya = Lautmalerei *Imitierung eines Lautes durch klanglich ähnliche Wörter.*	"El **r**uido con que **r**ueda la **r**onca tempestad." (José Zorrilla, *La Tempestad*) En el **s**ilencio **s**ólo **s**e e**s**cuchaba un **s**u**s**urro de abejas que **s**onaba. […] (Garcilaso de la Vega, *Égloga Tercera*)
paradoja = Paradoxon *Scheinbarer Widerspruch, der jedoch eine tiefere Wahrheit veranschaulicht.*	"El avaro, en sus riquezas, pobre." (Juan Arguijo, *A avaricia*) "A pesar de que no todos los números son números cuadrados, no hay más números que números cuadrados." (Galileo Galilei)

personificación = Personifizierung *Tiere, Gegenstände oder Ähnliches bekommen menschliche Eigenschaften zugewiesen.*	La ciudad era rosa y sonreía dulcemente. Las tierras tienen sed de lluvia.
símil o comparación = Vergleich *Vergleich von zwei unterschiedlichen Dingen oder Ideen unter Verwendung von „(tan) como" oder „que".*	La nieve era tan gruesa como una manta. Su pelo era blanco como la nieve.
sinécdoque = Synekdoche *Ersetzung eines Wortes durch einen Begriff aus demselben Begriffsfeld (z. B. ein Teil steht für das Ganze oder umgekehrt).*	Quedó sola con **cuatro bocas** que alimentar. [cuatro bocas = vier Münder: bezieht sich auf die vier Kinder] A Manuel le gustan los **fierros**. [fierros = Eisen: könnte sich sowohl auf Autos als auch auf Waffen beziehen, beides aus Metall hergestellt.]

Zeichensetzung im Spanischen - die wichtigsten Regeln

Im Spanischen werden Satzzeichen auf ähnliche Art wie im Deutschen angewendet. Der größte Unterschied besteht im Gebrauch von Einleitungs- und Abschlusszeichen im Spanischen:

Anführungszeichen	*"¿Me puede dar la hora?"*
Ausrufezeichen im Imperativ	*"¡Déjame en paz!"*
Fragezeichen	*"¿Qué tal estás?"*

Nach einem **Punkt** beginnt das nächste Wort mit einem Großbuchstaben.

- Ein Punkt steht nach Abkürzungen:
  Excmo. Sr.
  Ausnahmen: chemische Symbole (He) und Maßeinheiten (cm, kg). Bei diesen Abkürzungen wird kein Punkt verwendet.
- Jahreszahlen stehen stets ohne Punkt:
  año 2011

Ein **Komma** steht:

- zwischen den Gliedern einer Aufzählung:
  Vino el alcalde, el cura y el director de la escuela.

- an Stelle eines weggelassenen Verbs:
  En Alemania lo pasa bien; en España, no tanto.
- vor und nach Beifügungen zur näheren Bestimmung des vorangestellten Satzgliedes (Appositionen bzw. erklärenden adjektivischen Nebensätzen):
  El director de la escuela, don Ermenegildo, me mandó llamar.
  Todos los niños, que eran listos, participaron en el concurso.
- zur Trennung von Formen der direkten Anrede:
  ¡Juan, ven aquí!
- vor Konjunktionen wie ***pero***, ***aunque***, ***sino***:
  Toma el coche, pero ten cuidado.
- bei Datumsangaben:
  Madrid, 3 de junio de 2011
- bei Dezimalzahlen trennt ein Komma die ganze Zahl von der Dezimale:
  1.234,56

Kein **Komma** steht:

- Zwischen Subjekt und Pradikat:
  La causa de la explosión fue un escape de gas.

Ein **Doppelpunkt** steht:

- in einem Brief nach der Anredeformel:
  Querido José:
  Te escribo para decirte…
- zur Verbindung von Satzteilen, die eine Ursache-Wirkungs-Beziehung oder eine Schlussfolgerung ausdrücken:
  No quería casarse: aún era joven.
  Me repitió lo mismo: que no me pagaría.

Auf den Doppelpunkt folgt Kleinschreibung.
Ausnahme: Auf den Doppelpunkt in der Anredeformel folgt Großschreibung.

Der **Gedankenstrich** dient zur Trennung von Einschüben. Dabei trennt er „stärker" als „nur" ein Komma und wird dann eingesetzt, wenn eine Denkpause eingelegt werden soll:

Admiraba a su jefe – un gran trabajador – hasta que le despidió.

Richtig zitieren

Klausuren beziehen sich oft auf einen bestimmten Text, z. B. einen Roman. Dann müssen Sie Ihre Behauptungen in der Klausur anhand konkreter Textstellen belegen. Geben Sie dazu die betreffende Stelle in Klammern mit der Seiten- und Zeilenzahl an (*pág. xx, línea yy*). Sie können auch wörtliche Zitate aus dem Text übernehmen. Diese setzen Sie in Anführungszeichen. Anschließend erwähnen Sie ebenfalls die Seite und die Zeile(n), auf die Sie sich beziehen. Beispiel:

El autor usa una metáfora cuando habla de "sus labios de coral" (pág. 13).

Binden Sie wörtliche Zitate sinnvoll in den Text ein.

Auch bei **Handouts** und **Facharbeiten** ist eine korrekte Zitierweise wichtig. Sie schützt das geistige Eigentum des Verfassers. Die Quelle muss sowohl bei wörtlichen Zitaten als auch bei sinngemäßen Umschreibungen angegeben werden. Dies ist relevant, wenn sich die Umschreibung auf eine konkrete Passage im Originaltext bezieht. Am Ende des Zitats wird ein Fußnotenzeichen eingefügt. In der Fußnote erscheint die Literaturangabe (siehe Infokasten *Quellenangaben machen* auf der gegenüberliegenden Seite).

Ein wörtliches Zitat wird mit doppelten Anführungszeichen (im Spanischen beide oben) versehen. Bei Zitaten innerhalb eines anderen Zitats werden einfache Anführungszeichen oben benutzt:

"El análisis de Ernesto da como resultado que 'el medio ambiente es un tema de gran importancia'".

Längere Zitate (etwa ab drei Zeilen) bekommen einen neuen Absatz. Dieser wird eingerückt. Bei längeren Zitaten werden die Anführungszeichen weggelassen. Beispiel:

Las *Rimas* de Gustavo Adolfo Bécquer poseen una cualidad esencialmente musical y una aparente sencillez:

Mientras las ondas de la luz al beso palpitan encendidas;
Mientras el sol las desgarradas nubes de fuego y oro vista;
Mientras el aire en su regazo lleve perfumes y armonías;
Mientras haya en el mundo primavera
¡Habrá poesía!

Befinden sich in den Zitaten offensichtliche Fehler, werden diese direkt im Zitat durch ein [*sic*] kenntlich gemacht.

Bei manchen Zitaten sollten Sie Unklarheiten beseitigen. Dies ist z. B. der Fall, wenn ein Pronomen keinen eindeutigen Bezug mehr hat. Setzen Sie den Bezug in eckige Klammern. Beispiel:

"Él [Camilo José Cela] ya había escrito una serie de novelas antes de 1989".

Auch das Kürzen eines Zitats wird durch eckige Klammern deutlich gemacht:

"Los primeros años del siglo xx fueron testigos de la rebeldía de muchos artistas [...] en contra de las estructuras del realismo [...]".

Quellenangaben machen

Das könnte ja alles ausgedacht sein! Egal, ob Sie einen Text selbst verfassen oder einen Fachtext lesen: Quellenangaben spielen in beiden Fällen eine wichtige Rolle. Dadurch kann der Leser nachvollziehen, woher die verwendeten Informationen stammen. Gibt es keine Quellenangaben oder nur solche „unseriösen" Ursprungs, wird das Stück zu Recht in Zweifel gezogen. Leider gibt es keine allgemein gültigen Regeln, wie Quellenangaben „korrekt" gemacht werden. Fragen Sie im Zweifel nach, welches Verfahren Ihr Lehrer oder Ihre Lehrerin bevorzugt.

Beispiele für Quellenangaben in Fuß- oder Endnoten:

Fachliteratur
Größere wissenschaftliche Darstellungen, die einem einzigen Thema gewidmet sind, können von einem einzelnen Autor oder einem Autorenkollektiv geschrieben sein.

Fernández-Carvajal, Rodrigo, *La Constitución española,* Madrid, Nacional, 1969.

Mehrere Autoren werden wie folgt angegeben:

Nachname, Vorname y Nachname, Vorname. Buchtitel. Ort, Verlag, Jahr.

Bei mehr als drei Autoren reicht es, wenn der erste Teil des Eintrages folgendermaßen lautet:

Nachname, Vorname et al. (bei mehr als drei Autoren)

Hierbei wird als erster Nachname derjenige angegeben, der auch im Buch als erster steht.

Sammelbände und Journale
Sammelbände und Journale enthalten Artikel von unterschiedlichen Autoren. Im Unterschied zur Monografie ist eindeutig zu erkennen, welcher Artikel von welchem Autor stammt. Der Name des Artikels steht in Anführungszeichen, der Name des Buches jedoch wieder kursiv. „Eds." steht für *Editors,* also Herausgeber. Handelt es sich nur um einen einzelnen Herausgeber, schreibt man „Ed.". Ähnlich werden auch Artikel aus Fachjournalen und Zeitungen kenntlich gemacht. Dabei gilt der Titel des Fachjournals oder der Zeitung als Buchtitel. Beispiel:

Vygotsky, S. Del L. "Génesis de las funciones mentales más altas". En P. Light, S. Sheldon, y M. Woodhead (Eds.), *Aprendiendo a pensar* 1991, pp. 32-41. Londres: Routledge.

López Baral, M. "Cien años de soledad. Cultura e historia latinoamericanas replantadas en el idioma del parentesco". *Revista de Estudios Hispánicos.* (1979)

Internet
Verwenden Sie Informationen aus dem Internet, müssen Sie zwei Zeitpunkte angeben: das Entstehungsdatum der Website (falls dies festzustellen ist) und den Tag Ihres Zugriffs. Außerdem benennen Sie die www-Adresse. Beispiel:

Arballo, Gustavo. *¿Qué es el activismo judicial?,* sitio web "Saber leyes no es saber derecho", entrada del 28 de abril de 2007, consultado el 22/01/2012 [http://saberderecho.blogspot.com/2006/04/qu-es-el-activismo-judicial.html]

Eine Zusammenfassung schreiben

Was haben ein Filmtrailer im Kino und eine gute Textzusammenfassung *(resumen)* gemeinsam? Beide geben einen inhaltlichen Überblick und wecken das Interesse des Betrachters, mehr zu erfahren. Folgende Regeln sollen Ihnen helfen, wesentliche Punkte Ihres Textes wiederzugeben.

Schritt 1: Vorbereitung

- Lesen sie den Text, ohne sich Notizen zu machen. Konzentrieren Sie sich dabei auf die Hauptaussage.
- Formulieren Sie in einem Satz die Hauptaussage. Stellen Sie sich die *preguntas abiertas* (*quien, qué, dónde, cuándo* und *por qué*), um den Kern des Textes zu erfassen.
- Markieren Sie im Text die Punkte, die die Hauptaussage unterstützen.
- Markieren Sie die Teile im Text, die logische Übergänge enthalten. Hierbei sollten Details, Beschreibungen und unnötige Erklärungen ausgelassen werden.

Schritt 2: Schreiben

- Erwähnen Sie im ersten Satz der Zusammenfassung Autor, Titel und Hauptaussage des Textes.
- Formulieren Sie anhand der Punkte unter *Schritt 1: Vorbereitung* Ihre Zusammenfassung. Verzichten Sie dabei auf eigene Bewertungen.
- Beenden Sie die Zusammenfassung mit einem Schlusssatz, der die Bedeutung bzw. Absicht des Artikels wiedergibt. Dabei ist die Sicht des Autors und nicht Ihre eigene gefragt.
- Zusammenfassungen sollten nicht länger sein als ein Viertel des Originaltextes. Alternative: Ihnen wird eine konkrete Wortanzahl vorgegeben.

Schritt 3: Überarbeitung

- Sie sollten Ihre Zusammenfassung kürzen, wenn Sie die vorgesehene Länge überschritten haben:
  - Versuchen Sie Wörter zu entfernen, aber keine wichtigen Ideen.
  - Manchmal werden Nebensätze benutzt, um unklare Formulierungen zu konkretisieren. Streichen Sie den Nebensatz und versuchen Sie Klarheit in den Hauptsatz zu bringen.
- Überprüfen Sie den Text auf Stimmigkeit:
  - Haben Sie etwas Wichtiges ausgelassen?
  - Haben Sie die Hauptaussage eventuell verfälscht?
- Ist der Text sprachlich akzeptabel? Liest er sich gut?
- Überprüfen Sie die Rechtschreibung und Grammatik auf Flüchtigkeitsfehler.

III. Richtig präsentieren

Hinweise zur Erstellung von Präsentationen

1. Zielsetzung

- Formulieren Sie in wenigen Sätzen das Thema.
- Wie sollen Sie das Thema aufbereiten? Was genau wird von Ihnen verlangt?

2. Brainstorming

- Sammeln Sie eigene Ideen zum Inhalt. Machen Sie sich Notizen.
- Sortieren Sie Ihre Notizen in einer Mind-Map (siehe Infofenster *Mind-Map* auf Seite 107).
- Markieren Sie unklare Punkte. Bei welchen Aspekten fehlen Ihnen noch Informationen?

3. Recherchephase

- Lesen Sie zunächst Texte, die einen Überblick geben. Widmen Sie sich erst dann Fachtexten.
- Machen Sie sich Notizen.
- Notieren Sie jede Quelle.

4. Gliederung

- Führen Sie Ihre Mind-Map und die Notizen aus Punkt 3 zusammen. Erstellen Sie anhand dessen eine Gliederung.
- Eine Präsentation sollte meist nicht mehr als fünf Hauptaspekte behandeln.
- Die wichtigsten Punkte einer Gliederung:
  Einleitung
  These 1 oder Theorie
  These 2 oder Anwendung
  Vergleich oder Zusammenfassung
  Schlussfolgerung / Ausblick

5. Erstellen der Präsentation

- Erstellen Sie einen Notizzettel mit den wichtigsten Stichworten. Dann verlieren Sie beim Sprechen nicht den Faden.
- Setze Sie die Ergebnisse aus Punkt 4 in PowerPoint-Folien um. Möchten Sie das Programm nicht verwenden, überlegen Sie sich andere Methoden zur Veranschaulichung, z. B. Tafelanschrieb.

- Suchen Sie einen spannenden/interessanten oder kontroversen Einstieg.
- Geben Sie zu Beginn anhand der Gliederung einen Überblick über die Präsentation.
- Die Schlussfolgerung fasst noch einmal die wichtigsten Punkte zusammen.

6. Handout

- Erstellen Sie ein Handout für die Zuhörer. Es enthält die wichtigsten Aspekte Ihres Vortrags. Das Handout sollte maximal zwei Seiten umfassen.
- Benennen Sie am Ende des Handouts Ihre Quellen (siehe Infofenster *Quellenangaben machen* auf Seite 121).
- Je nach Thema können Sie Ihren Zuhörern abschließende Aufgaben stellen. Sie können sich den Inhalt Ihres Vortrags dadurch besser merken. Klären Sie mit Ihrem Lehrer vorher ab, ob Aufgaben erwünscht sind.

7. Technische Hilfsmittel

- Wie möchten Sie Ihr Thema präsentieren? Mit PowerPoint mittels Beamer, mit ausgedruckten PowerPoint-Folien, mit Tafelanschrieben, Overhead-Projektor usw.?
- Falls Sie Folien erstellen: Sie sollten nicht den gesprochenen Text vorweg nehmen.
- Die Folien sollten auf einen Blick zu verstehen sein.
- Jede Folie sollte nur einen Schwerpunkt veranschaulichen.
- Ergänzen Sie Ihren Vortrag durch Bilder und Grafiken. Diese sind oft einprägsamer als geschriebener Text.
- Achten Sie auf die richtige Größe: Alle Folien und Anschriebe müssen von der letzten Reihe aus erkennbar sein.

Anrede und Begrüßung
Tratamiento y palabras de bienvenida

1

Meine sehr verehrten Damen und Herren, ...	Respetados / Apreciados señoras y señores...
Liebe Kolleginnen und Kollegen, ...	Estimados colegas...
Liebe Kommilitonen ...	Queridos colegas...
Guten Morgen, liebe Klassenkameraden.	Queridos compañeros y compañeras de clase, (muy) buenos días.
Guten Morgen alle miteinander.	Buenos días a todos.
Ich begrüße Sie / euch sehr herzlich in ... / zu ...	Me complace poder darles / daros la bienvenida en... / a...
Ich heiße Sie / euch herzlich willkommen.	Les / Os doy una cordial bienvenida.
Ich freue mich, dass Sie / ihr so zahlreich erschienen sind / seid.	Me alegra contar con / saber un gran público / número de oyentes, congregados hoy aquí.
Schön, dass Sie / ihr die Zeit gefunden haben / habt.	Me alegra ver que han / habéis podido disponer de tiempo para venir.
Es freut mich, Sie / euch heute Morgen hier begrüßen zu dürfen.	Me complace poder darles / daros aquí la bienvenida esta mañana.
Schön, dass Sie / ihr alle heute Morgen da sind / seid.	¡Que bien que estéis todos aquí esta mañana!
Ich freue mich, dass Sie / ihr bei diesem herrlichen Sonnenschein den Weg hierher gefunden haben / habt.	Me alegra mucho comprobar que han / habéis decidido venir a pesar del maravilloso tiempo de hoy.

Andere und sich selbst vorstellen
Presentar a otros y presentarse uno mismo

2

Ich möchte mich gerne kurz vorstellen.	En primer lugar me gustaría presentarme.
Darf ich mich vorstellen.	Permítanme / Permitidme que me presente.
Mein Name ist ...	Mi nombre es...
Ich heiße ...	Me llamo...
Ich bin ...	(Yo) soy...
Die meisten von Ihnen / euch kennen mich ja, ich bin ...	La mayoría de vosotros ya me conocéis ...
Für diejenigen, die mich nicht kennen, ich bin ...	Para los que no me conozcan, soy ...
Ich bin Schüler(in) der 10. Klasse.	Estoy en el décimo curso.

Ich bin Student(in) im 3. Semester.	Actualmente estoy cursando mi tercer semestre.
Ich bin ein Praktikant / eine Praktikantin.	Estoy haciendo prácticas.
Er / Sie arbeitet als Literaturwissen-schaftler(in) / Ingenieur(in) / Journalist(in).	(Él / Ella) trabaja de / como filólogo especializado / filóloga especializada en literatura / ingeniero, -a / periodista.
Sie arbeitet im Bereich der Sprachwissenschaft / Genforschung.	Ella trabaja en el campo de la lingüística / de la investigación genética.
Ich interessiere mich schon lange für ...	Hace tiempo que tengo un gran interés por... / en...
Heute steht hier mit mir ...	Hoy tengo el placer de que me acompañe... / de tener aquí (a mi lado)...
Ich glaube, Sie kennen / ihr kennt alle ...	Creo que todos ustedes conocen / vosotros conocéis a...
Ich möchte gerne ... vorstellen.	(Con mucho gusto) me gustaría presentar a...
Darf ich ... vorstellen?	Permítanme presentarles a... / Permitidme presentaros a...
Wir arbeiten schon lange zusammen an diesem Projekt.	Hace tiempo que colaboramos juntos / juntas en el desarrollo de este proyecto.
Wir haben diese Präsentation gemeinsam vorbereitet.	Hemos preparado juntos / juntas esta exposición.
Während ich Sie / euch in das Thema einführe, wird mein Partner / meine Partnerin später das Datenmaterial erläutern.	Primeramente (yo) realizaré la introducción al tema; posteriormente mi compañero / compañera expondrá de forma específica el tema central.
Wir werden uns im Verlauf dieser Präsentation immer wieder abwechseln / ergänzen.	En el transcurso de esta exposición nos alternaremos / turnaremos / intercambiaremos constantemente.

Technische Fragen klären
Aclarar problemas con la técnica

3

Ist es zu hell?	¿Es la luz demasiado fuerte?
Soll ich die Rollos herunterlassen?	¿Queréis que baje las persianas?
Soll ich die Lichter dimmen?	¿Queréis que baje la luz?
Soll ich den Raum noch etwas verdunkeln?	¿ Quizá(s) debería oscurecer un poco más la sala?
Können Sie / Könnt ihr mich überall gut verstehen?	¿Pueden / Podéis entenderme / escucharme todos con claridad?

Ist die Statistik / die Folie auch hinten noch gut zu erkennen?	¿Se puede distinguir también con claridad en las filas de atrás la gráfica que muestra la estadística / la transparencia?
Können Sie /Könnt ihr alle die Folie lesen?	¿Pueden / Podéis leer todos la transparencia?
Hier vorne ist noch Platz. Vielleicht möchten Sie / möchtet ihr noch etwas nach vorne kommen!	Aquí adelante todavía hay sitios (libres). Quizá podrían acercarse / podríais acercaros un poco más.
Können Sie / Könnt ihr mich überall gut verstehen?	¿Pueden / Podéis todos entender lo que digo?
Spreche ich laut genug?	¿Hablo lo suficientemente alto?
Einen kleinen Moment, bitte. Die Technik spielt uns einen Streich.	Un momento, por favor. Parece que la técnica nos está jugando / quiere jugar una mala pasada.
Der CD-Spieler / der Videorekorder / der Computer funktioniert nicht.	El reproductor de CD / el reproductor de vídeo / el ordenador no funciona.
Es läuft gerade leider etwas anders als geplant, aber vielleicht können wir erst mal mit ... weitermachen.	Por desgracia, las cosas no están saliendo como las había planeado, así que entretanto quizás podamos continuar con...
Entschuldigung für die kurze Unterbrechung, es geht sofort weiter.	Disculpen / Disculpad esta breve interrupción. Continuaremos en unos instantes.

Organisatorische Fragen ansprechen
Mencionar problemas de la organización

4

Unterbrechen Sie /Unterbrecht mich ruhig, wenn etwas unklar sein sollte.	Por favor, no duden / dudéis en interrumpirme si algo no está claro.
Melden Sie sich / Meldet euch, wenn Sie / ihr eine Frage haben / habt.	Levanten / Levantad la mano o haganme/ hacedme una señal si tienen / tenéis alguna pregunta.
Sie können / Ihr könnt während der Präsentation jederzeit Fragen stellen.	Pueden/ Podéis hacer preguntas en cualquier momento de la exposición.
Stellen Sie / Stellt Fragen immer gleich, wenn sie auftauchen.	Por favor, formulen suyas / formulad vuestras preguntas en cuanto surjan.
Ich beantworte Ihre / eure Fragen am Ende der Präsentation.	Contestaré todas suyas / vuestras preguntas al final de mi exposición.

Es wird im Anschluss an die Präsentation genügend Zeit zur Diskussion geben.	Habrá tiempo suficiente para el debate al final de la exposición.
Alles in allem wird die Präsentation ungefähr zwanzig Minuten in Anspruch nehmen.	La exposición entera durará unos veinte minutos.
Die Präsentation wird ungefähr eine Stunde dauern.	La exposición durará más o menos una hora.
Es gibt ein Handout, das ich gleich austeile.	Tengo un guión de la exposición que les / os repartiré dentro de un momento.
Ich teile das Handout nach der Präsentation aus.	Al final de la exposición les / os pasaré un guión de ésta.
Sie bekommen / Ihr bekommt ein Handout, deshalb müssen Sie / müsst ihr nicht mitschreiben.	Les / Os voy a dar un guión de la exposición, así que no hace falta que tomen / toméis notas.

Einleitende Worte
Palabras introductorias

5

Heute möchte ich über ... sprechen.	Hoy quiero hablaros de...
Heute werde ich über ... sprechen.	Hoy hablaré de...
Das heutige Thema ist: ...	El tema de hoy es:...
Heute möchte ich mit Ihnen / euch ein wichtiges / interessantes / zentrales Thema besprechen.	Hoy desearía discutir con (todos) ustedes / vosotros un tema importante / de gran interés / central.
Ich möchte Sie / Euch in dieser Präsentation mit einem Thema vertraut machen, das ...	En mi exposición / A lo largo de mi exposición me gustaría familiarizarles / familiarizaros con un / el tema que ...
Sie haben sich / Ihr habt euch sicher schon einmal gefragt, ...	Seguramente se han / os habéis preguntado alguna vez (si)...
Warum sollten wir eigentlich über dieses Thema / diesen Roman sprechen?	En el fondo, / A decir verdad, ¿por qué deberíamos hablar sobre este tema / esta novela?
Vielleicht ist Ihnen / euch schon einmal aufgefallen ...	Quizá(s) les / os haya llamado alguna vez la atención...
Wie kommt es eigentlich, dass ...?	¿A qué se debe verdaderamente que...?
In letzter Zeit hat unser Thema an Aktualität gewonnen.	Últimamente el tema que nos ocupa ha ganado (en) actualidad.

Immer wieder hören wir in den Medien von / berichten die Medien über ...	Constantemente escuchamos en los medios de comunicación sobre / los medios de comunicación informan sobre...
Immer wieder lesen wir in Presseberichten über ...	Constantemente leemos en los artículos de prensa sobre...
Es ist allgemein bekannt, dass ...	Es sabido por todos que...
Im Alltag begegnet uns immer wieder ...	En la vida cotidiana nos encontramos una y otra vez con...
Was hat dieses Thema eigentlich mit uns zu tun?	En realidad, / A decir verdad, ¿qué tiene que ver (exactamente) este tema con nosotros?
... klingt vielleicht zunächst etwas bieder / langweilig / altmodisch. Ich hoffe aber, Sie / euch im Verlauf der Präsentation vom Gegenteil überzeugen zu können.	... quizá(s) de momento puede / pueda sonar algo conservador / aburrido / anticuado, pero (yo) espero poder convencerles / convenceros de lo contrario en el transcurso de mi exposición.
Ich habe den Vortrag in vier Abschnitte gegliedert.	He dividido mi conferencia en cuatro partes.
Alles in allem wird die Präsentation ungefähr zwanzig Minuten in Anspruch nehmen.	Mi exposición tendrá una duración (total) de veinte minutos aproximadamente.
Anschließend haben wir noch ausreichend Zeit darüber zu diskutieren.	Posteriormente tendremos tiempo suficiente para abrir una discusión en pleno / un debate.
Unterbrechen Sie / unterbrecht mich ruhig, wenn etwas unklar sein sollte.	No duden / dudéis en interrumpirme si algo no les / os queda claro.

Ziel umreißen
Esbozar el propósito de la exposición

6

Das Ziel dieser Präsentation ist es, ...	El propósito de mi exposición es...
Ich möchte / Wir möchten	Desearía / Desearíamos
zeigen, dass ...	mostrar que...
belegen, dass ...	documentar (que)...
erreichen, dass ...	alcanzar / lograr (que)...
informieren über ...	informar sobre / acerca de...
eine Verhaltensänderung erreichen.	lograr un cambio de actitud.
Interesse wecken für ...	despertar el interés por...

einen bisher noch wenig bekannten Aspekt in den Vordergrund stellen.	poner de manifiesto un aspecto que hasta el momento es poco conocido.
Vorurteile gegen Migranten / die Gentechnik aus dem Weg räumen.	eliminar los prejuicios contra los emigrantes / contra la ingeniería genética.
Ich möchte Ihnen / euch nun meine Gliederung vorstellen.	Me gustaría presentaros brevemente la estructura de mi exposición.
Ich habe den Vortrag in vier Abschnitte gegliedert.	He dividido la exposición en cuatro partes diferentes.
Ich werde auf folgende Punkte eingehen: ...	Trataré los siguientes aspectos:...
Mein Fokus liegt auf ...	Mi atención se centrará en...
Ich setze folgende Schwerpunkte: ...	Me concentraré en los siguientes aspectos:...
Zunächst werde ich auf ... zu sprechen kommen, dann sollen ... und ... folgen.	Primero hablaré sobre... Luego... Después de lo cual seguiré con...
Zum Schluss werde ich ... ansprechen.	Al final abordaré...
Abschließend werde ich ... ansprechen.	Por último, hablaré de...
An dieser Stelle wird Raum für Fragen / eine Diskussion sein.	Y entonces será el momento de las preguntas (el debate).
Anschließend haben wir noch ausreichend Zeit darüber zu diskutieren.	A continuación habrá tiempo suficiente para el debate.
Ich hoffe, ...	Espero / Confío en...
Wir hoffen, ...	Esperamos / Confiamos en...
dass Sie / ihr am Ende dieser Präsentation Katalonien / Adolfo Suárez mit anderen Augen sehen werden / werdet.	que al concluir / terminar mi exposición vean / veáis Cataluña / a Adolfo Suárez con otros ojos.
etwas zur Klärung dieses Sachverhalts beitragen zu können.	contribuir en algo al esclarecimiento de estos hechos.

Die Botschaft
El mensaje

7

Wir sehen deutlich, dass ...	Vemos con claridad que...
Folgender Gedanke ist zentral: ...	El siguiente aspecto es central:...
Wir gehen von folgender Grundlage aus: ...	Nuestro punto de partida será la siguiente premisa:...
Dabei sind folgende Punkte besonders wichtig: ...	En este contexto, los siguientes puntos son especialmente importantes:...
Ein zentraler Aspekt ist ...	Un aspecto crucial es...
Zwei Aspekte möchte ich besonders betonen: ...	Me gustaría enfatizar dos aspectos en particular:...
Wichtige inhaltliche Punkte sind ...	Son aspectos importantes...
Was ich damit sagen möchte, ist ...	Lo que quiero decir con esto es (que)...
Wie ich soeben gezeigt habe ...	Como acabo de mostrar...
Es liegt auf der Hand, dass ...	Es obvio que...
Ich komme zu dem Schluss, dass ...	(Yo) llego a la conclusión de que...
Hier ist eine klare Tendenz zu erkennen.	Aquí podemos observar una tendencia clara.
Es liegt nahe, die Aussagen dahingehend zu interpretieren ...	Sería lógico interpretar estas afirmaciones de la siguiente manera:...
Im Gegensatz zur landläufigen Meinung, zeichnet sich eine ganz andere Entwicklung ab.	En contra de la opinión común se perfila una evolución muy distinta.
In Anbetracht dieser Tatsachen ...	Si tenemos en cuenta los hechos...
Nach vorsichtiger Abwägung der Argumente ...	Tras una consideración detallada / minuciosa de los argumentos...
Wenn man alle diese Punkte in Erwägung zieht ...	Si consideramos todos estos puntos...
Mit der gebotenen Vorsicht lässt sich trotzdem eine klare Entwicklung skizzieren.	Aún teniendo el debido cuidado en la afirmación, la evolución que se perfila es perfectamente clara.

Fakten darlegen
Presentar hechos

8

[Name] wurde im Jahr ... in ... geboren.	*[Nombre]* nació en...en...
[Name] starb im Jahr ... in ...	*[Nombre]* murió en....en...
Ich werde einige biographische Eckdaten zu ... nennen.	Voy a mencionaros algunos de los datos biográficos básicos de...

Ich werde einen Überblick über den Lebenslauf von *[Name]* geben.	Voy a darles / daros una idea general del currículum de *[Nombre]*.
Im selben Jahr ...	El mismo año...
Dieses Ereignis war besonders prägend für ...	El incidente fue especialmente importante para...
Sein Lebensziel war es, ...	Su meta en la vida fue...
Im Jahr ...	En...
Die Situation sah folgendermaßen aus: ...	La situación era la siguiente:...
Im Jahr ... war die Situation besonders schwierig / günstig.	En... la situación era particularmente complicada / favorable.
Viele Faktoren beeinflussten ...	Muchos fueron los factores que influyeron en...
Die Gründe für diese Entwicklung waren vielfältig.	Muchas y variadas fueron las razones de este desarrollo.
Auch in anderen Ländern ...	También en otros países...
Anders als heute, gab es damals ...	A diferencia de hoy, en aquellos tiempos había...
Wenn wir die Situation mit der heutigen vergleichen, erkennen wir, dass ...	Si comparamos el contexto histórico de entonces con el de hoy, se puede ver claramente que...

Zahlen vorstellen
Hablar de números

9

Ein paar Zahlen werden diese Befunde verdeutlichen.	Un par de datos bastarán para ilustrar estos resultados.
Die Zahl beträgt ...	El total asciende a...
Diese Zahl ist doppelt so hoch wie ...	Esta cifra es dos veces...
Dieser Wert lässt sich vergleichen mit ...	Puede compararse este valor con...
Diese Größe ist vergleichbar mit ...	Esta cantidad es comparable a...
Die Zahl hat sich in zwei Jahren verdreifacht.	La cifra se ha triplicado en los dos últimos años.
Das sind so viele wie ...	Al final resultan ser tantos como...
Das sind weniger als ...	Esto supone menos de...

Daten und Grafiken präsentieren
Presentar datos y gráficos

10

Hier sehen Sie / seht ihr ...	Aquí pueden / podéis ver...
das Tortendiagramm	el diagrama circular
das Balkendiagramm	el diagrama de barras
das Säulendiagramm	el diagrama de columnas
das Liniendiagramm	el diagrama de líneas
Diese Statistik / Diese Grafik	Esta estadística / este gráfico / esta gráfica
belegt / beweist ...	prueba / demuestra...
weist darauf hin ...	indica que...
zeigt eine fallende / steigende Tendenz an.	muestra una tendencia al baja / al alza.
zeigt eine (ausgeprägte) Tendenz an.	muestra una (clara) tendencia.
ein Viertel / die Hälfte / ein Drittel / dreiviertel	un cuarto / la mitad / un tercio / tres cuartos
23 % der Menschen in [Barcelona] sind ...	El 23 % de la población de [Barcelona] es...
[Madrid] hat einen niedrigeren Prozentsatz an ... als [Barcelona].	[Madrid] tiene un porcentaje más bajo de... que [Barcelona].
Der Prozentsatz von ... in ... ist höher als im nationalen Durchschnitt.	El porcentaje de... en... está por encima de la media nacional.
Ich möchte Ihnen / euch einige konkrete Statistiken / einige Zahlen zeigen.	Desearía mostrarles / mostraros algunas estadísticas / algunas cifras concretas.
Im Jahr 2008 lässt sich eine eindeutige Steigerung / ein steiler Abfall feststellen.	En el año 2008 se constata / puede constatar un claro aumento / un descenso en picado.
An der Kurve kann man erkennen, wie der Verbrauch immer mehr ansteigt / immer weiter absinkt.	Teniendo en cuenta la curva (del diagrama) se puede apreciar cómo el consumo aumenta / disminuye cada vez más.
Wenn man die Graphiken von 2000 und 2004 vergleicht, so kann man sehen, dass ...	Si comparamos los gráficos / las gráficas de 2000 y 2004, se puede observar que...
Das ausgeglichene Verhältnis zwischen den grünen und roten Balken legt nahe, ...	La relación equilibrada entre la barra verde y la roja del diagrama sugiere (que)...
Das Interessante / Ermutigende / Besorgniserregende hier ist ...	Lo interesante / Lo alentador / Lo inquietante es...

Die Zahlen sprechen hier eine eindeutige Sprache.	Las cifras son en este caso claras y concisas.
An dieser Stelle möchte ich auf die Untersuchung von *[Name]* hinweisen / verweisen.	Llegado este punto me gustaría remitirles / remitiros al análisis / a la investigación de *[Nombre]*.
Ich möchte Sie / euch besonders auf diese Graphik aufmerksam machen.	Me gustaría, sobre todo, dirigir su / vuestra atención sobre este gráfico / esta gráfica.

Eine These aufstellen
Formular una teoría

11

Lassen Sie / Lasst uns zunächst von folgender Annahme ausgehen: ...	Tomemos como punto de partida la suposición de que...
Lassen Sie / Lasst mich zu Beginn folgende These aufstellen: ...	Déjenme / Déjadme que formule como hipótesis de partida lo siguiente:...
Ich möchte hiermit die These aufstellen, dass ...	Me gustaría con esto formular / plantear la tesis (de que)...
Lassen Sie / Lasst mich zu Beginn folgende These aufstellen: ...	Déjenme / Déjadme que formule como hipótesis de partida lo siguiente:...
Ich behaupte, dass ...	Quiero afirmar que...
Ich vermute / nehme an / glaube (,dass) ...	(Yo) Supongo / Considero / Pienso (que)...
Ich möchte beweisen, dass ...	Quiero probar que...
Ich möchte in meinen Ausführungen diese These mit neuen Argumenten stützen.	Me gustaría, a lo largo de mi exposición, apoyar esta afirmación con nuevos argumentos.
Zunächst gehen wir von der Vermutung aus, dass ...	En primer lugar partamos de la suposición que...
Lassen Sie / Lasst uns als Arbeitshypothese erst einmal annehmen, dass ...	Déjennos / Déjadnos suponer, a modo de primera hipótesis (de trabajo), que...
Aufgrund des bisher vorhandenen Datenmaterials gehe ich davon aus, dass...	Gracias a los datos recogidos hasta el momento, parto de la base que...
Der bisherige Stand der Forschung lässt vermuten, dass ...	Los resultados de la investigación actual aportan motivos para creer que...
Die Entwicklungen der letzten Zeit lassen vermuten, dass ...	La evolución de / El desarrollo en los últimos años hace suponer que...

Bisher wurde immer davon ausgegangen, dass ... Ich halte diese Annahme jedoch für falsch, da ...	Hasta ahora siempre se había partido de la base que... Yo, personalmente, considero falsa esta suposición, ya que...
Ich glaube, dass sich die Voraussetzungen / gesellschaftlichen Bedingungen in den letzten Jahren entscheidend verändert haben, so dass ...	Creo que las premisas / condiciones sociales han cambiado decisivamente en los últimos años, de modo que... / tanto que...

Meinungen wiedergeben
Exponer opiniones

12

Laut / Nach *[Name]* ...	Conforme a / Según *[Nombre]*...
[Name] zufolge ...	Según *[Nombre]*...
[Name]	*[Nombre]*
meint ...	piensa...
behauptet ...	sostiene...
gibt an ...	señala...
vermutet ...	supone...
ist der Meinung ...	es de la opinión que...
plädiert für / gegen ...	aboga por / en contra de...
vertritt die Meinung, dass ...	defiende la opinión de que...
ist der Meinung / Auffassung, dass...	es de la opinión de que...
plädiert für / gegen ...	está a favor de / en contra de...
Es wird allgemein angenommen / vermutet, dass...	En general se acepta / se considera (que)...
Es kann kein Zweifel bestehen, dass ...	No puede haber ningún tipo de / ninguna duda que...
Viele meinen / glauben, dass...	Muchos opinan / creen (que)...
Die öffentliche Meinung ist für / gegen ...	La opinión pública está a favor de / en contra de...
Die Stimmung ist aufgeheizt / kühl / freundlich.	El ánimo está caldeado / es frío / afable.
Die Mehrheit / Minderheit vertritt die Ansicht, dass ...	La mayoría / minoría defiende la opinión de que...
Es herrscht eine starke Tendenz, dies so zu sehen.	Domina una gran tendencia a / de ver es(t) e hecho así.
In wissenschaftlichen / informierten / politischen Kreisen geht man davon aus, dass ...	En círculos científicos / bien informados / políticos se parte de la base de que...

Eine persönliche Stellungnahme ausdrücken
Presentar su punto de vista

13

Meiner / Unserer Meinung nach ...	Según mi / nuestra opinión...
Meines / Unseres Erachtens ...	Según mi / nuestra opinión...
Ich glaube / Wir glauben ...	(Yo) creo / (Nosotros) creemos...
Ich vermute / Wir vermuten ...	(Yo) supongo / (Nosotros) suponemos...
Ich bin / Wir sind	(Yo) soy / (Nosotros) somos
der Ansicht(, dass) ...	del parecer (de / que)...
der Meinung(, dass) ...	de la opinión (de / que)...
der Auffassung(, dass) ...	del parecer / de la opinión (de / que)...
Was mich betrifft ...	En lo que a mí me concierne...
Es steht für mich unzweifelhaft fest ...	Para mí está fuera de duda(s) que...
Ich halte es für sehr wahrscheinlich / äußerst unwahrscheinlich, dass ...	Considero muy probable / improbable que...
Ähnlich wie *[Name]* denke ich, dass ...	Al igual que *[Nombre]*, opino que...
Ich kann mich der Meinung von *[Name]* anschließen.	No puedo sino apoyar la opinión de *[Nombre]*.
Besonders überzeugend finde ich ...	Me parece especialmente convincente...
Dem kann ich unbedingt zustimmen.	No puedo sino estar de acuerdo con esto.
Ich habe große Zweifel, ob ...	Albergo muchas dudas de si...
Ich persönlich halte das für diskussionswürdig.	Personalmente, pienso que merece la pena discutirlo.
Das Argument überzeugt mich nicht, weil ...	El argumento no me convence porque...
Im Gegensatz zu *[Name]* bin ich der Meinung, dass ...	Al contrario que *[Nombre]*, defiendo la opinión de que ...

Argumente anführen
Apostar argumentos

14

Mein erstes Argument ist: ...	Mi primer argumento es...
Der erste Punkt, den ich anführen möchte, ist: ...	El primer aspecto que quiero introducir es...
erstens ..., zweitens ..., drittens ...	primero..., segundo..., tercero...

Zunächst einmal / Als Erstes möchte ich anführen, dass ...	Ante todo / En primer lugar me gustaría mencionar (que)...
Und zweitens sollte beachtet werden, dass ...	En segundo lugar, deberíamos considerar que...
Es muss aber auch erwähnt werden, dass ...	Sin embargo también se tiene que mencionar que...
Ein weiteres Argument ist ...	Otro argumento más que apoya esta teoría es...
Auch das sollte nicht vergessen werden ...	Tampoco es(t)e hecho / es(t)e debería olvidarse...
Des Weiteren / Außerdem ...	Por lo demás / Además...
Zudem ist wichtig, dass ...	Aparte (de es(t)o) es importante que...
Darüber hinaus sollte nicht unerwähnt bleiben(, dass) ...	Además no debería dejar de mencionarse ((de) que)...
übrigens / apropos ...	por cierto / a propósito...
Dies sei nur am Rande / nebenbei bemerkt.	Sea dicho solo de paso. / Sea solo adicionalmente dicho.
Am Rande sei auch erwähnt, dass ...	Al margen, hay que mencionar también que...

Argumente verknüpfen
Relacionar argumentos

15

Damit möchte ich überleiten zu ...	Dicho esto, me gustaría pasar a...
Wir haben nun bereits die ersten drei Aspekte betrachtet.	Hemos ya tratado los tres primeros aspectos.
Diese Themen sind wichtig für den nächsten Punkt.	Estas cuestiones son importantes para el siguiente punto.
Verbunden damit ist auch der nächste Bereich.	La siguiente sección se refiere también a este aspecto.
Dies führt zu / hat zur Folge / liegt daran, dass ... / ist klar, weil ...	Este hecho nos lleva a / tiene como consecuencia (que) / se da a causa de (que)... / está claro porque...
Auf der einen Seite ..., auf der anderen Seite ...	Por un lado, ... por otro (lado), ... / Por una parte, ... por otra (parte), ...
So weit also zu ...	De momento es todo sobre...

Was aber ... angeht, verhält es sich ähnlich / anders.	En cuanto a..., ocurre lo mismo / contrario que...
Jedoch ...	Sin embargo...
Nichtsdestoweniger ...	No obstante...
Nichtsdestotrotz ...	A pesar de eso,...
Jedenfalls ...	En todo caso / Sea como sea...
Es lässt sich natürlich auch anführen, dass ...	Naturalmente también se puede mencionar que...
Auf der anderen Seite muss man bedenken, dass ...	Por otro lado se tiene que tomar en cuenta que...
Andererseits ist festzuhalten, dass ...	Sin embargo no hay que olvidar de que...
Das bringt mich auf einen anderen Aspekt / zu meinem nächsten Punkt.	Este hecho me lleva a pensar en otro aspecto / en el siguiente punto.
Ein weiterer wichtiger Punkt ist der Folgende ...	Un punto más de gran / mayor importancia es el siguiente...
Ich komme nun zu Punkt ...	Paso ahora al punto...
An dieser Stelle ist auch interessant / darf auch ... nicht fehlen ...	Llegado este punto es también interesante / no puede faltar...
Dabei sollte man auch beachten, dass ...	En este contexto deberíamos tener en cuenta que...
Dabei darf nicht fehlen ...	En este contexto no puede quedar fuera...
Gerne wird gesagt, ..., hier aber gilt ...	Se suele decir..., sin embargo aquí es válido...
Dies ist zwar grundsätzlich richtig, aber ...	Este hecho / Es(t)e es básicamente correcto, sin embargo...
Es sollte ebenfalls erwähnt werden ...	Asimismo se tendría que mencionar / decir que...
Ganz ähnlich / Ganz anders verhält es sich mit ...	Se comporta de forma muy similar a / muy distinta a...

Beispiele anführen
Poner ejemplos

16

Dieses Beispiel zeigt, dass ...	Este ejemplo muestra que...
An diesem Beispiel sehen wir ...	Este ejemplo ilustra...
Ein gutes Beispiel dafür ist ...	Un buen ejemplo de esto es...
Ich möchte ein paar Beispiele nennen ...	Me gustaría mencionar un par de ejemplos.

Lassen Sie / Lasst mich dies an einem kurzen Beispiel verdeutlichen.	Permítanme / Permitidme ilustrar esto a partir de un pequeño ejemplo.
Es gab beispielsweise einen Fall ...	Hubo, por ejemplo, un caso...
Vielleicht wird dies durch folgendes Beispiel klarer: ...	Quizás esto quedará más claro con el siguiente ejemplo:...

Experten zitieren
Citar a expertos

17

In seinem / ihrem Aufsatz / Buch *[Titel]* weist *[Name]* bereits darauf hin.	Ya lo señala *[Nombre]* en su ensayo / artículo / libro (titulado) *[Título]*.
In diesem Zusammenhang möchte ich folgende Aussage von *[Name]* zitieren: ...	En este contexto me gustaría citar textualmente a *[Nombre]*:...
Dazu hat *[Name]* Folgendes gesagt: ...	En este contexto *[Nombre]* ha dicho lo siguiente:...
Auch *[Name]* stellt in seinen / ihren Veröffentlichungen wiederholt diese These auf.	También *[Nombre]* formula repetidamente en sus publicaciones esta (misma) tesis.
[Name] weist immer wieder darauf hin, dass ...	*[Nombre]* señala siempre de nuevo que...
Im Leitartikel des *El País* vom 14.02.2008 wird ein wichtiger Aspekt angesprochen.	En la editorial de *El País* del 14-II-2008 se hace mención de un aspecto importante.
[Name] macht diese Beobachtung zum ersten Mal im Jahr 1996.	*[Nombre]* hace por primera vez esta observación en el año 1996.
Auf Seite 26 des Buches *[Titel]* von *[Name]* aus dem Jahr 2003 finden wir folgende Bemerkung: ...	En la página 26 del libro *[Título]* de *[Nombre]* publicado el año 2003 encontramos la siguiente observación:...
... widerspricht dem völlig.	... se contradice con esto totalmente.
Im Gegensatz zu dem, was *[Name]* in seinem Aufsatz *[Titel]* behauptet ...	Al contrario de lo que afirma *[Nombre]* en su ensayo / artículo *[Título]*...
Hiermit darf die These von *[Name]* als widerlegt gelten.	Teniendo en cuenta todo lo dicho deberíamos dar la tesis de *[Nombre]* por rebatida.
Eine unbelegte Behauptung, die von *[Name]* in den Medien immer wieder verbreitet wird.	Se trata de una afirmación sin documentar que *[Nombre]* difunde una y otra vez en los medios de comunicación.
Wie die Ministerin verlautbaren ließ ...	Como en el comunicado que emitió la ministra...

Grundlage für meine Überlegungen sind folgende Autoren: ...	He basado mis hipótesis en los siguientes autores:...
Ich stütze mich hierbei auf ...	Para afirmar esto me baso en...
Als Quelle für meine Präsentation diente ...	Una de las fuentes de mi exposición es...
Die Statistiken wurden von ... erstellt.	Las estadísticas fueron realizadas por...
An dieser Stelle möchte ich auf die Untersuchung von *[Name]* hinweisen.	En este punto me gustaría hacer referencia al estudio de *[Nombre]*.

Auf einen vorhergehenden Punkt verweisen
Remitir a un punto anterior

18

Hier kann eine Parallele zu ... festgestellt werden.	Aquí hay un evidente paralelismo con...
Dies erinnert an den vorherigen Punkt, der sich mit ... beschäftigte.	Esto me hace recordar el punto anterior que trataba de...
Wie ich bereits erwähnte ...	Como ya he mencionado con anterioridad...
Wie ich zu Beginn meiner Präsentation sagte ...	Como ya dije al comienzo de mi exposición (oral) / de mi intervención...
Dieser Punkt ist zu Anfang schon einmal diskutiert worden.	Este punto ya se ha discutido al principio.
Um nochmals auf ... zurückzukommen ...	Y para volver de nuevo a...
Ich möchte noch einmal auf meine These vom Anfang zurückkommen.	Querría retomar de nuevo mi tesis del principio.
Und jetzt werden die anfangs erwähnten Daten wieder wichtig.	Y ahora es cuando los datos mencionados al principio vuelven a cobrar importancia.
Das scheint im Gegensatz zu den vorherigen Daten / meiner eingangs genannten These zu stehen.	Esto parece estar en oposición a los datos mencionados con anterioridad / con mi tesis del principio.
Vielleicht fragen Sie sich gerade, hat er / sie nicht gerade etwas ganz anderes behauptet?	Quizá se estén haciendo ahora mismo la pregunta: ¿No acaba de afirmar algo completamente diferente?
Im Lichte dieser Daten kann die Eingangshypothese nicht aufrechterhalten werden.	Después comparar / mirar con detenimiento todos los datos, no podemos seguir defendiendo la tesis del principio.
Dies spricht für die anfangs aufgestellte These.	Esto apoya la teoría inicial.
Damit ist unsere These bewiesen.	Esto corrobora nuestra teoría.

Die Hauptpunkte zusammenfassen
Resumir los puntos principales

19

Lassen Sie / Lasst mich das Wesentliche noch einmal zusammenfassen.	Déjenme / Déjadme resumir otra vez lo más esencial.
Ganz wesentlich / wichtig ist hier ...	Lo más esencial / importante aquí es...
Zusammenfassend lässt sich sagen ...	En resumen podemos decir...
Abschließend möchte ich ...	Para concluir / terminar me gustaría...
Nach sorgfältiger Abwägung der Argumente ...	Tras haber considerado cuidadosamente los argumentos...
Ich komme zu folgendem Schluss: ...	(Yo) llego a la siguiente conclusión:...
Ich ziehe folgende Schlussfolgerungen / folgendes Fazit: ...	(Yo) saco las siguientes conclusiones / la siguiente conclusión:...
Als Konsequenz aus meinen Ausführungen ergibt sich für mich ...	La consecuencia que para mí resulta de estas exposiciones es...
Für mich hat sich deutlich herauskristallisiert, dass ...	En mi opinión, se ha desvelado claramente que...
Lassen Sie / Lasst mich nun zu einer Bewertung kommen.	Déjenme / Déjadme hacer una evaluación / una valoración.

Die Präsentation beenden
Concluir la intervención

20

Ich bedanke mich für Ihre / eure Aufmerksamkeit.	Les / Os agradezco su / vuestra atención.
Auch im Namen meiner Kollegen ...	También en el nombre de mis colegas...
Vielen Dank fürs Zuhören.	Gracias por escucharme.
Damit bin ich am Ende meines Vortrages angekommen.	Y con esto he llegado al final de mi exposición.
Ich hoffe, das war hilfreich.	Espero que os haya servido de alguna ayuda.
Ich hoffe,	Espero / Confío (en)
dass Sie / ihr am Ende dieses Referats Katalonien / Adolfo Suárez mit anderen Augen sehen / seht.	que al concluir mi exposición vean / veáis Cataluña / a Adolfo Suárez con otros ojos.
etwas zur Klärung dieses Sachverhalts beigetragen zu haben.	haber contribuido en algo al esclarecimiento de estos hechos.

dass Ich eine neue Sichtweise auf ... vermitteln konnte.	que mi exposición os haya dado un punto de vista diferente de...
dass ich Ihnen / euch dieses Thema unter einem neuen Blickwinkel präsentieren konnte.	haber logrado presentaros este tema desde una nueva perspectiva.
Ihnen / euch Denkanstöße / Diskussionsstoff geliefert zu haben.	haberles / haberos proporcionado estímulos suficientes para la reflexión / material suficiente para la discusión.

Fragen anregen
Animar a plantear preguntas

21

Für Fragen stehe ich gerne zur Verfügung.	Estoy a su / vuestra entera disposición para un turno / una ronda de preguntas.
Falls es Fragen gibt, können Sie / könnt ihr sie jederzeit / im Anschluss stellen.	Si surge alguna pregunta la pueden / podéis formular siempre que queráis / al final de mi intervención.
Hiermit möchte ich die Diskussion / das Plenum eröffnen.	Ahora me gustaría inaugurar / abrir el debate / el pleno / la asamblea plenaria.
Gibt es dazu Fragen?	¿Tenéis alguna pregunta?
Ist noch etwas unklar?	¿Está todo claro?
Bitte scheuen Sie sich / scheut euch nicht zu fragen.	Por favor, no teman / temáis hacer(me) alguna pregunta.
Eine ausführlichere Beantwortung der Frage würde etwas zu weit führen.	Dar una respuesta detallada a esa pregunta nos llevaría demasiado lejos y se saldría del marco de esta exposición.
Wenn Sie sich / ihr euch näher mit diesem Thema beschäftigen wollt, kann ich Ihnen / euch folgende Literatur empfehlen:	Si quieren / queréis profundizar más en este tema, les / os recomiendo los siguientes libros:
Diese Frage würde ich gerne ins Plenum zurückgeben.	Esa es una pregunta que me gustaría lanzar a todo el público.

IV. Thematische Wortschätze

A

acantilado[1] *m Steilküste*

acantilado[2]**, -a** *steil*

accidente *m Erhebung; Unebenheit*
accidente geográfico - *Relief*

agua *f Wasser*
agua de lluvia - *Regenwasser*
agua de nieve - *Schmelzwasser*
agua nieve - *Schneeregen*

aguas *fpl* **termales** *Thermalquelle*

alameda *f Allee; Pappelallee*

aldea *f Dorf*

altiplanicie *f Hochebene*

altiplano *m Hochebene*

altitud *f Höhe*
a una altitud de 1500 metros - *in 1500 Meter Höhe*

altura *f Höhe*
de gran altura - *hoch*
de poca altura - *niedrig*
a gran altura - *in größer Höhe*

América *f* **Central** *Mittelamerika*

América *f* **del Norte** *Nordamerika*

América *f* **del Sur** *Südamerika*

América *f* **Latina** *Lateinamerika*

ancho, -a *breit*

Andalucía *f Andalusien*

Andes *mpl Anden*

angosto, -a *eng; schmal*

anticiclón *m Hoch(druckgebiet)*

Aragón *m Aragonien*

archipiélago *m Archipel; Inselgruppe*
el archipiélago canario - *die Kanarischen Inseln*

arco *m* **iris** *Regenbogen*

área *f Fläche; Gebiet*

arenoso, -a *sandig*

arroyo *m Bach*

Asturias *f Asturien*
el Príncipe de Asturias - *der spanische Kronprinz*

atlántico, -a *atlantisch*
el Océano Atlántico - *der Atlantische Ozean*

B

bahía *f (Meeres)bucht*

Baleares *fpl Balearen*

balneario *m (Heil)bad; Kurort*

bosque *m Wald*
bosque frondoso - *Laubwald*
bosque de coníferas - *Nadelwald*
bosque pluvial - *Regenwald*

C

cabo *m Kap*
cabo de hornos - *Kap Hoorn*

cadena *f Bergkette*

caliente *warm; heiß*

calor *m Hitze*
hace mucho calor - *es ist sehr heiß*

caluroso, -a *heiß; warm*

campo *m Land; Feld*
gente *f* del campo - *Landbevölkerung*

canal *m Kanal; Meerenge*
el Canal de la Mancha - *der Ärmelkanal*
el Canal de Panamá - *der Panamakanal*

Canarias *fpl Kanaren; Kanarische Inseln*

cañón *m Schlucht*

Cantabria *f Kantabrien*

Cantábrico *m Kantabrisches Meer*

cascada *f Wasserfall; Kaskade*

Castilla-La Mancha *f Südkastilien*

Castilla-León *f Nordkastilien*

Cataluña *f Katalonien*

catarata *f Wasserfall*
las cataratas del Iguazú - *die Wasserfälle von Iguazú*

caudaloso, -a *wasserreich*

ciclón *m Zyklon; Wirbelsturm*

clima *m Klima; Breitengrad*

colina *f Hügel*

comarca *f Gegend; Gebiet*

comunidad *f Region*
Comunidad de Madrid - *Region Madrid*

continental *kontinental*
clima *m* continental - *Kontinentalklima*

continente *m Kontinent*

cordillera *f Gebirgskette*
costa *f Küste*
costero, -a *Küsten-*
cráter *m Krater*
cumbre *f Gipfel*

D

delta *m Delta*
el delta del Ebro – *das Ebrodelta*
densidad *f Dichte*
depresión *f Senke*
desembocadura *f (Ein)mündung*
desembocar *(ein)münden*
desértico, -a *Wüsten-*
desierto *m Wüste*
diversidad *f Vielfalt*

E

ecuador *m Äquator*
elevación *f Anhöhe*
elevado, -a *hoch*
embocadura *f Mündung*
entorno *m Umgebung*
escarcha *f (Rau)reif*
España *f Spanien*
estación *f Jahreszeit*
estación de las lluvias – *Regenzeit*
este *m Osten; Ost*
el este de España – *Ostspanien*
hacia el este – *ostwärts*
al este de – *östlich von*
estepa *f Steppe*
estrecho *m Meerenge*
estrecho de Gibraltar – *Straße von Gibraltar*
estrecho de Magallanes – *Magellanstraße*
Europa *f Europa*
Europa Central – *Mitteleuropa*
extensión *f Fläche; Ausdehnung*
extenso, -a *weit; ausgedehnt*
Extremadura *f Estremadura*

F

falla *f Verwerfung*
frío *m Kälte*
frío, -a *kalt*
frontera *f Grenze*
atravesar la frontera – *die Grenze überqueren*
frontera marítima – *Seegrenze*
frontera terrestre – *Landgrenze*

G

Galicia *f Galicien*
geografía *f Geographie*
glaciar *m Gletscher*
golfo *m Golf*
el golfo de México – *der Golf von Mexiko*
grado *m Grad*
grado centígrado – *Grad Celsius*
granizo *m Hagel*

H

hectárea *f Hektar*
helada *f Frost*
las primeras heladas del año – *die ersten Frosteinbrüche des Jahres*
anoche cayó una helada – *heute Nacht hat es gefroren*
hemisferio *m (Erd)halbkugel*
hidrografía *f Gewässerkunde; Hydrografie*
hielo *m Eis; Frost*
hielo en la carretera – *Glatteis*
horizonte *m Horizont*
humedad *f Feuchtigkeit*
húmedo, -a *feucht*
hundimiento *m Vertiefung*
huracán *m Orkan*

I

insular *Insel-*
invierno[1] *m Winter*
invierno[2] *m (AM) Regenzeit*
isla *f Insel*
las Islas Canarias – *die Kanarischen Inseln*
las Islas Baleares – *die Balearen*
las Islas Malvinas – *die Falklandinseln*
istmo *m Landenge; Isthmus*
istmo de Panamá – *Isthmus von Panama*

L

ladera *f Abhang*

lago *m See*

Latinoamérica *f Lateinamerika*

línea *f* **ecuatorial** *Äquatorlinie*

litoral *m Küstengebiet*

llano¹ *m Ebene*

llano², -a *flach; eben*

llanura *f Ebene*

lluvia *f Regen*

época *f* de las lluvias - *Regenzeit*

lluvioso, -a *regnerisch*

tiempo *m* lluvioso - *Regenwetter*

longitud *f Länge*

50° longitud Este - *50° östliche Länge*

M

mapa *m (Land)karte*

mar *m Meer; See*

el Mar Mediterráneo - *das Mittelmeer*

el Mar Cantábrico - *das Kantabrische Meer*

marea *f Gezeiten*

marea alta - *Flut*

marea baja - *Ebbe*

mediterráneo, -a *mediterran; Mittelmeer-*

isla mediterránea - *Mittelmeerinsel*

meridional *m südlich*

meseta *f Hochebene*

montaña *f Berg; Gebirge*

alta montaña - *Hochgebirge*

media montaña - *Mittelgebirge*

montañoso, -a *bergig; gebirgig*

mundo *m Welt; Erde*

dar la vuelta al mundo - *eine Weltreise machen*

N

naturaleza *f Natur*

Navarra *f Navarra*

nevada *f Schneefall; Schnee*

nevado¹ *m ein mit ewigem Schnee bedeckter Gipfel*

nevado², -a *verschneit; schneeweiß*

niebla *f Nebel*

hay niebla - *es ist neb(e)lig*

nieve *f Schnee; Schneefall*

nieve carbónica - *Trockeneis*

nieve virgen - *Neuschnee*

nivel *m* **del mar** *Meereshöhe; Meeresspiegel*

sobre el nivel del mar - *über dem Meeresspiegel*

norte *m Norden; Nord*

el norte de España - *Nordspanien*

hacia el norte - *nordwärts*

al norte de - *nördlich von*

nube *f Wolke*

nube de verano - *Platzregen*

nublado, -a *bewölkt*

nubosidad *f Bewölkung*

O

oasis *m Oase*

océano *m Ozean*

el Océano Pacífico - *der Pazifische Ozean, der Pazifik*

el Océano Atlántico - *der Atlantische Ozean, der Atlantik*

oeste *m Westen; West*

el oeste de España - *Westspanien*

hacia el oeste - *westwärts*

al oeste de - *westlich von*

otoño *m Herbst*

P

País *m* **Vasco** *Baskenland*

paisaje *m Landschaft*

pampa *f Pampa*

páramo *m Öde; Hochebene*

península *f Halbinsel*

la Península Ibérica - *die Iberische Halbinsel*

peninsular *Halbinsel-*

las costas peninsulares - *die Küsten der Halbinsel*

pico *m Gipfel; Spitze*

Pirineos *mpl Pyrenäen*

playa *f Strand*

polar *polar*

el Círculo Polar Ártico - *der nördliche Polarkreis*

el Círculo Polar Antártico - *der südliche Polarkreis*

pradera *f große Wiese*

precipitación *f Niederschlag*

primavera *f Frühling*

pronóstico *m Voraussage*
pronóstico del tiempo – *Wettervorhersage*

provincia *f Provinz*

pueblo *m Dorf*
pueblo costero – *Küstenort*

puna *f Puna (Vegetationsform der Anden)*

Q

quebrada *f Schlucht*

R

rayo *m Blitz*

red *f* **fluvial** *Flussnetz*

región *f Gegend; Gebiet*

relámpago *m Blitz*

relieve *m Relief*
en bajo relieve – *vertieft*

río *m Fluss*
río abajo – *flussabwärts*
río arriba – *flussaufwärts*

rocoso, -a *felsig*

S

sabana *f Savanne*

seco, -a *trocken*

selva *f Wald, Dschungel*
selva virgen – *Urwald*
selva tropical – *Regenwald*

sierra *f Gebirgskette*

sistema *m* **montañoso** *Gebirgssystem*

sol *m Sonne*
día *m* de sol – *sonniger Tag*
hoy hace sol – *heute scheint die Sonne*

soleado, -a *sonnig*

submarino, -a *unterseeisch*

sudoeste *m Südwesten*

suelo *m (Erd)boden*

superficie *f Oberfläche*
superficie cultivable – *Anbaufläche*

sur *m Süden; Süd*
el sur de España – *Südspanien*
hacia el sur – *südwärts*
al sur de – *südlich von*

T

temperatura *f Temperatur*
temperatura media – *mittlere Temperatur*
temperatura máxima – *Höchsttemperatur*
temperatura mínima – *Niedrigsttemperatur*

tempestad *f Unwetter; Sturm*

templado, -a *lauwarm; mild*

temporada *f Saison; Zeit*
temporada alta – *Hauptsaison*
temporada baja – *Vorsaison*

terreno *m (Erd)boden; Formation*
terreno arcilloso – *Tonboden*

territorio *m Gebiet*

tierra *f Erde*

topografía *f Topographie*

trópico *m Tropen*
trópico de Cáncer / Capricornio – *Wendekreis des Krebses / Steinbocks*

V

valle *m Tal*

vegetación *f Vegetation*

verano *m Sommer*

vertiente *f Abhang*

viento *m Wind*
viento ascendente – *Aufwind*
viento de frente – *Gegenwind*
viento huracanado – *(Wirbel)sturm*

volcán *m Vulkan*

Z

zona *f Gebiet; Bereich*
zona climática – *Klimazone*

A

a. de C. *v. Chr.*

abdicación *f Abdankung*
abdicación al trono – *Thronverzicht*

abolición *f Abschaffung*

abolir *abschaffen*

aborigen *mf Eingeborene(r); Ureinwohner(in)*

acontecimiento *m Ereignis; Geschehen*

adversario, -a *m, f Gegner(in)*

agustino[1] *m Augustiner(mönch)*

agustino[2], -a *augustinisch*
orden *m* agustina – *Augustinerorden*

almorávide *der Almoravidendynastie angehörend*

alzamiento *m Aufstand; Erhebung*

antecedente *m Vorgeschichte*

antes de Cristo *vor Christus*

apogeo *m Gipfel; Höhepunkt*
apogeo del Barroco – *die Blütezeit des Barocks*

árabe[1] *arabisch*

árabe[2] *mf Araber(in)*

arma *f Waffe*
arma de fuego – *Schusswaffe*

armada *f Kriegsflotte; Armada*

asesinato *m Mord*

atacar *angreifen*

ataque *m Angriff*
ataque por sorpresa – *Überraschungsangriff*

atentado *m Attentat*
atentado terrorista – *Terroranschlag*
el autor de un atentado – *der Attentäter*

auge *m Blütezeit*

avasallar *unterwerfen*

azteca[1] *aztekisch*

azteca[2] *mf Azteke, -in*

B

barricada *f Barrikade*

barroco *m Barock*

batalla *f Schlacht; Kampf*
batalla campal – *Feldschlacht*

borbónico, -a *bourbonisch*

botín *m Kriegs(beute)*

brigada *f Brigade*

burguesía *f Bürgertum*

C

caballería *f Kavallerie*

caballero *m Ritter*

cacique *m Kazike; Dorftyrann*

caciquismo *m Bonzokratie*

caída *f Fall; Sturz*
caída del gobierno – *Regierungssturz*

califa *m Kalif*

califato *m Kalifat*

capitulación *f Kapitulation*

carabela *f Karavelle*

carlismo *m Karlismus; Karlistentum*

carlista *karlistisch; Karlisten-*
las Guerras Carlistas – *die Karlistenkriege*

cartaginés[1], -esa *karthagisch*

cartaginés[2], -esa *m, f Karthager(in)*

casa real *f Dynastie; Haus*

cautivo, -a *m, f Gefangene(r)*

celta[1] *keltisch*

celta[2] *mf Kelte, -in*

celtíbero, -a *keltiberisch*

civilización *f Zivilisation*

colonia *f Kolonie*

colonial *Kolonial-; im Kolonialstil*

colonización *f Kolonisierung*

colonizador(a) *m(f) Kolonist(in); Siedler(in)*

colono, -a *m, f Kolonist(in)*

combate *m Kampf; Schlacht*
combate naval – *Seeschlacht*

conde *m Graf*

condesa *f Gräfin*

conflicto *m Konflikt*
conflicto armado – *bewaffneter Konflikt*

conquista *f Eroberung*

conquistador(a) *m(f) Eroberer(in)*
conquistadores de América – *Konquistadoren*

conspiración *f Verschwörung*
conspiración militar *Militärverschwörung*
contemporáneo, -a *zeitgenössisch*
Corona *f Krone*
coronación *f Krönung*
corsario *m Korsar*
cortesano *m höfischer Ritter; Höfling*
cristianismo *m Christentum*
cristiano[1]**, -a** *christlich*
cristiano[2]**, -a** *m, f Christ(in)*
Cristóbal Colón *Christoph Kolumbus*
cronología *f Chronologie*
cruzada *f Kreuzzug*

D

d. de C. *n. Chr.*
década *f Jahrzehnt*
decadencia *f Niedergang*
derrocar *stürzen*
derrota *f Niederlage*
derrotar *schlagen; besiegen*
descubrimiento *m Entdeckung*
el Descubrimiento de América - *die Entdeckung Amerikas*
desmoronamiento *m Untergang*
después de Cristo *nach Christus*
destierro *m Verbannung; Exil*
destrucción *f Zerstörung*
dictadura *f Diktatur*
dictadura militar - *Militärdiktatur*
dinastía *f Dynastie*
dinastía borbónica - *bourbonische Dynastie*
dominación *f Herrschaft*
dominar *herrschen*
dominico[1]**, -a** *dominikanisch*
dominico[2]**, -a** *m, f Dominikanermönch, -schwester*
dominio *m Herrschaftsgebiet; Herrschaft*

E

edad *f Zeitalter*
edad antigua - *Altertum*
edad media - *Mittelalter*
edad moderna - *Moderne*
ejecución *f standrechtliche Erschießung*
emir *m Emir*
emperador *m Kaiser*
emperatriz *f Kaiserin*
encarcelamiento *m Inhaftierung*
enfrentamiento *m Zusammenstoß; Konfrontation*
enfrentamiento armado - *bewaffnete Auseinandersetzung*
época *f Epoche; Zeit*
época colonial - *Kolonialepoche*
esclavitud *f Sklaverei*
someter a la esclavitud - *versklaven*
esclavo, -a *m, f Sklave, -in*
etnia *f Volk*
evangelización *f Evangelisierung*
evolución *f Entwicklung; Veränderung*
expedición *f Expedition*
expedición militar - *Feldzug*
expulsión *f Vertreibung*

F

fenicio[1]**, -a** *phönizisch*
fenicio[2]**, -a** *m, f Phönizier(in)*
feudalismo *m Feudalismus; Feudalzeit*
franciscano[1]**, -a** *franziskanisch*
franciscano[2]**, -a** *m, f Franziskaner(in)*
franquismo *m Franco-Ära*
fundador(a) *m(f) Gründer(in)*
fundar *gründen*
fusilamiento *m Erschießung*

G

genocidio *m Völkermord*
gitano, -a *m, f Zigeuner(in)*
golpe *m* **de estado** *Putsch*
golpe *m* **militar** *Militärputsch*
gótico, -a *gotisch*
gremio *m Zunft*
guerra *f Krieg*
Guerra de Sucesión - *spanischer Erbfolgekrieg 1701-1714*
Guerra Civil - *Bürgerkrieg*
Guerra de la Independencia - *Unabhängigkeitskrieg*

guerrero, -a *m, f Krieger(in)*
guerrilla *f Guerilla*

H

hebreo, -a *m, f Hebräer(in)*
herencia *f Erbe*
héroe *m Held*
hidalgo *m Edelmann*
hispanidad *f Hispanität*
historia *f Geschichte*
historia universal – *Weltgeschichte*
historia natural – *Naturwissenschaft*
histórico, -a *historisch; geschichtlich*
humanidad *f Menschheit; Menschlichkeit*
hundimiento *m Untergang*

I

iberismo *m Iberismus (iberische Kulturwissenschaft)*
Iberoamérica *f Iberoamerika*
imperial *kaiserlich*
imperio *m Reich; Imperium*
imperio incaico – *Inkareich*
imperio colonial – *Kolonialreich*
inca *m Inka*
independencia *f Unabhängigkeit*
indígena *mf Ureinwohner(in); Indio, Indiofrau*
indio, -a *m, f Indianer(in)*
influencia *f Einfluss*
inquisición *f Inquisition*
insurrección *f Aufstand*
insurrección militar – *Militärputsch*
invadir *überfallen; einmarschieren*
invasión *f Invasion*
invasión ibérica / árabe – *iberische / arabische Invasion*
invasor(a) *m(f) Invasor(in); Eindringling*
islámico, -a *islamisch*
islamismo *m Islamismus*
islamita *mf Islamit(in); Moslem, Moslime*

J

jesuita[1] *m Jesuit*
jesuita[2] *Jesuiten-; jesuitisch*
judaísmo *m Judentum; Judaismus*
judío[1], -a *jüdisch*
judío[2], -a *m, f Jude, Jüdin*

L

legado *m Erbe; Vermächtnis*
levantamiento *m Aufstand*
liberado, -a *befreit; freigelassen*
liberar *befreien; freilassen*
libertad *f Freiheit*
libertad de culto – *Glaubensfreiheit*
poner en libertad – *freilassen*
lucha *f Kampf*

M

maltratar *misshandeln; schlecht behandeln*
marina *f Marine*
matanza *f Gemetzel; Töten*
hacer una matanza – *ein Gemetzel anrichten*
maya[1] *Maya-*
cultura *f* maya – *Mayakultur*
maya[2] *mf Maya*
memoria *f Erinnerung*
memoria histórica – *Erinnerungskultur*
mezquita *f Moschee*
misión *f Mission*
misionar *missionieren; bekehren*
misionero, -a *m, f Missionar(in)*
monarca *mf Monarch(in)*
monarquía *f Monarchie*
monarquía absoluta – *absolute Monarchie*
monarquía constitucional – *konstitutionelle Monarchie*
monarquía parlamentaria – *parlamentarische Monarchie*
morisco, -a *m, f Moriske*
motín *m Meuterei*
mozárabe[1] *mozarabisch*
mozárabe[2] *mf Mozaraber(in) (unter maurischer Herrschaft lebende Spanier)*
mudéjar[1] *Mudejar-*

mudéjar[2] *m Mudejar (unter christlicher Herrschaft lebende Mauren)*

musulmán[1] *moslemisch; muslimisch*

musulmán[2], **-an(a)** *m, f Moslem, Moslime*

N

nazarí *Dynastie der Nasriden (letzte spanisch-arabische Dynastie in Granada); Nasriden*

noble *mf Adlige(r)*

nobleza *f Adel; Edelmut*

O

ocupación *f Besetzung*

zona *f* de ocupación – *besetztes Gebiet*

ofensiva *f Angriff*

tomar la ofensiva – *zum Angriff übergehen*

opresión *f Unterdrückung*

P

Pacha Mama *f Mutter Erde (indianische Göttin)*

pasado *m Vergangenheit*

en el pasado – *früher*

patrimonio *m Erbe*

patrimonio cultural – *Kulturgut*

paz *f Frieden; Friedenvertrag*

perdedor(a) *m(f) Verlierer(in)*

periodo *m Zeitraum; Zeit*

periodo transitorio – *Übergangszeit*

persecución *f Verfolgung*

pionero, -a *m, f Pionier(in)*

plebeyo[1], **-a** *plebejisch*

plebeyo[2], **-a** *m, f Plebejer(in)*

pos(t)guerra *f Nachkriegszeit*

potencia *f Macht*

gran potencia – *Großmacht*

precedente *m Präzedenzfall*

precolombino, -a *präkolumbisch (Zeit vor der Entdeckung Amerikas durch Kolumbus)*

precursor(a) *m(f) Vorläufer(in)*

predominio *m Vorherrschaft; Vorrang*

prehistoria *f Vorgeschichte; Prähistorie*

prehistórico, -a *prähistorisch; vorgeschichtlich*

preincaico, -a *vorinkaisch; Prä-Inka-*

preso, -a *m, f Häftling*

Primera Guerra *f* **Mundial** *Erster Weltkrieg*

princesa *f Prinzessin*

príncipe *m Prinz*

el Príncipe de Asturias – *der spanische Kronprinz*

príncipe heredero – *Kronprinz*

proclamación *f Verkündigung; Proklamation*

proclamación de la independencia – *Unabhängigkeitsverkündigung*

promulgación *f Verkündung*

promulgar *erkünden*

protectorado *m Protektorat*

Q

quipu *m Quipu (Schnur der Knotenschrift der Inkas)*

R

realidad *f Realität*

rebelde *mf Rebell(in)*

rebelión *f Rebellion; Aufstand*

reclutar *rekrutieren*

reconciliación *f Versöhnung*

reconquista *f Wiedereroberung*

reconstrucción *f Wiederaufbau*

reinado *m Herrschaft; Regierungszeit*

reino *m Königreich; Reich*

reino *m* **de Taifa** *Taifa (Teilreich im islamischen Spanien)*

Renacimiento *m Renaissance*

rendirse *sich ergeben; kapitulieren*

rendirse al enemigo – *vor dem Feind kapitulieren*

represión *f Unterdrückung*

represión militar – *militärische Unterdrückung*

república *f Republik*

república coronada – *konstitutionelle Monarchie*

republicano, -a *m, f Republikaner(in)*

rescate *m Befreiung; Rettung*

resentimiento *m Groll*

resistencia *f Widerstand*
resistencia a la autoridad – *Widerstand gegen die Staatsgewalt*
oponer resistencia – *Widerstand leisten*

restauración *f Wiedereinführung*
restauración de la monarquía – *Wiedereinführung der Monarchie*

retaguardia *f Nachhut*

revolución *f Revolution*

revolucionario[1], -a *revolutionär*

revolucionario[2], -a *m, f Revolutionär(in)*

revuelta *f Revolte; Tumult*

Rey *m* **Sol** *Sonnenkönig*

Reyes *mpl* **Católicos** *katholische Könige*

riqueza *f Reichtum*

romanización *f Romanisierung*

romano[1], -a *römisch*

romano[2], -a *m, f Römer(in)*

ruina *f Ruine*

ruptura *f Bruch; Abbruch*

S

sacrificio *m* **humano** *Menschenopfer*

sede *f Sitz*
sede episcopal – *Bischofssitz*
la Santa Sede – *der Heilige Stuhl*

Sefarad *hebräischer Name für Spanien*

Segunda Guerra *f* **Mundial** *Zweiter Weltkrieg*

Segunda República *f Zweite Republik*

senderista *mf Anhänger der peruanischen Guerillabewegung Sendero Luminoso*

Sendero *m* **Luminoso** *leuchtender Pfad (peruanische Guerillabewegung)*

sentencia *f Urteil*
dictar sentencia – *das Urteil sprechen*

siglo *m Jahrhundert*
siglo de oro – *goldenes Jahrhundert*
el siglo XX – *das 20. Jahrhundert*

sinagoga *f Synagoge*

sojuzgador(a) *m(f) Unterwerfer*

sublevación *f Aufstand; Aufruhr*

sublevarse *rebellieren; sich auflehnen*

subversión *f Umsturz*

sucesor(a) *m(f) Nachfolger(in); Thronfolger(in)*

T

templo *m Tempel*

tesoro *m Schatz*

tiempo *m Zeit*

tiranía *f Tyrannei*

tirano[1], -a *tyrannisch*

tirano[2], -a *m, f Tyrann(in)*

tortura *f Folter*
sufrir torturas – *gefoltert werden*

transición *f Übergang*

tribu *f Stamm*

tributo *m Tribut*
pagar tributo – *Tribut zollen*

tropa *f Truppe*

U

uniforme *m Uniform*
vestir de uniforme – *Uniform tragen*

V

vencedor(a) *m(f) Sieger(in)*

víctima *f Opfer*

victoria *f Sieg*

violencia *f Gewalt Zwang*

virreina *f Vizekönigin*

virreinato *m Vizekönigreich; Vizekönigtum*

virrey *m Vizekönig*

visigodo[1], -a *westgotisch*

visigodo[2], -a *m, f Westgote, -gotin*

A

abogado, -a *m, f Rechtsanwalt, -anwältin*
abogado defensor – *(Straf)verteidiger*
abogado de oficio – *Pflichtverteidiger*

abolición *f Abschaffung*

abstención *f Stimmenthaltung*

abuso *m Missbrauch*
abuso de autoridad – *Amtsmissbrauch*

acto *m Handlung*
acto jurídico – *Rechtshandlung*
acto penal – *Straftat*
acto de violencia – *Gewalttat*

acuerdo *m Abkommen*
acuerdo político – *politisches Abkommen*

adhesión *f Zustimmung; Unterstützung*

administración *f Verwaltung*
administración local – *örtliche Verwaltung*
administración municipal – *Stadtverwaltung*
la administración española – *die spanischen Behörden*

afiliación *f Mitgliedschaft*
afiliación política – *Parteimitgliedschaft*

alcalde *m Bürgermeister; Oberbürgermeister*

alcaldesa *f Bürgermeisterin; Oberbürgermeisterin*

alcaldía *f Bürgermeisteramt*

amnistía *f Amnestie*
Amnistía Internacional – *Amnesty International*
conceder amnistía a alguien – *jdn amnestieren*

anarquía *f Anarchie*

anarquismo *m Anarchismus*

anarquista *mf Anarchist(in)*

antagonismo *m Gegensatz; Gegnerschaft*

AP *f* **(Alianza Popular)** *rechte Partei Spaniens zur Zeit des Übergangs zur Demokratie nach Franco*

apertura *f Öffnung*
apertura de la conciliación – *Vergleichseröffnung*

apoyo *m Unterstützung; Hilfe*
prestar apoyo a un plan – *einen Plan unterstützen*

aprobar *genehmigen; billigen*
la solicitud fue aprobada – *der Antrag wurde genehmigt*

arbitrariedad *f Willkür; Willkürmaßnahme*

aristócrata *mf Aristokrat(in)*

asamblea *f Versammlung*
asamblea general – *Hauptversammlung*
asamblea plenaria – *Vollversammlung*

audiencia *f Audienz; Gerichtshof*
Audiencia General – *Obergericht für zentrale Fragen*

autonomía *f Autonomie*
autonomía colectiva – *Tarifautonomie*
autonomía municipal – *kommunale Selbstverwaltung*

autónomo, -a *autonom*
la comunidad autónoma de Galicia – *die autonome Region Galicien*

autoridad *f Behörde; Autorität*
autoridad del estado – *Staatsgewalt*

autoritarismo *m Autoritarismus*

ayuntamiento *m Rathaus; Gemeinderat*

B

bandera *f Fahne*

bando *m Gruppe; Partei*

barrio *m (Stadt)viertel*

base *f Basis*

beligerante *kriegführend*

burguesía *f Bürgertum*

C

cabildo *m Inselrat (Provinzialrat auf den Kanaren)*
cabildo abierto – *Gemeinderatssitzung*

cámara *f Kammer*
Cámara Alta – *Oberhaus*
Cámara Baja – *Abgeordnetenhaus*

cambio *m Wandel*
cambio político – *politischer Wandel*

campaña *f Kampagne*
campaña electoral – *Wahlkampf*
hacer campaña – *eine Kampagne führen*

canciller *mf Kanzler(in); (Bundes)-kanzler(in)*

capital *f Hauptstadt*

capitalismo *m Kapitalismus*

capitalista[1] *kapitalistisch*

capitalista[2] *mf Kapitalist(in)*

cargo *m Amt; Posten*
desempeñar un cargo - *ein Amt ausüben*

caudillo *m (An)führer*

CDS *m* **(Centro Democrático y Social)** *Demokratische und Soziale Zentrumspartei*

ceder *abtreten; überlassen*

célula *f Zelle*

censo *m Volkszählung; statistische Erhebung*
censo electoral - *Wählerliste*

centralismo *m Zentralismus*

centralizar *zentralisieren*

cese *m Amtsentlassung; Suspendierung*
cese en el cargo - *Ausscheiden aus dem Amt*

choque *m Kollision*
choque de frente - *Frontalzusammenstoß*

ciudadano, -a *m, f Bürger(in); Staatsbürger(in)*

coalición *f Koalition*

comisión *f Kommission; Ausschuss*
Comisión Europea - *Europäische Kommission*
comisión parlamentaria - *Parlamentsausschuss*

compatriota *mf Landsmann, -männin*

comuna *f* (AM) *Gemeinde*

comunidad *f Gemeinde; Gemeindeverband*
Comunidad de Madrid - *Region Madrid*
comunidad autónoma - *autonome Region*

Comunidad *f* **Autónoma** *autonome Region (spanische Region mit eigenen politischen Institutionen)*

comunismo *m Kommunismus*

comunista[1] *kommunistisch*

comunista[2] *mf Kommunist(in)*

concesión *f Konzession*

conde *m Graf*

condeza *f Gräfin*

conducta *f Führung*

conferencia *f Konferenz*
conferencia cumbre - *Gipfeltreffen*

conflicto *m Konflikt*

congresista *mf Kongressteilnehmer(in)*

congreso *m Abgeordnetenhaus*
Congreso de los Diputados - *Abgeordnetenhaus*
Congreso Nacional - *Nationalkongress*

consejero, -a *m, f Rat Rätin; Minister(in)*
consejero de embajada - *Botschaftsrat*

consejo *m Rat*
consejo regulador - *Aufsichtsrat*
Consejo de Ministros - *Ministerrat*
Consejo Insular - *Provinzialrat auf den Balearen*

consenso *m Konsens*

constitución *f Verfassung*

cónsul *mf Konsul(in)*

convención *f Konvention; Parteitag* (AM)

convergencia *f Übereinstimmung*
política de convergencia - *Konvergenzpolitik*

Convergencia y Unión *f* **(Partido Nacionalista Catalán)** *Nationalistische Katalanische Partei*

convocar *einberufen*
convocar elecciones - *Wahlen einberufen*

corona *f Krone*

Corona *f Monarchie*

corrupción *f Korruption*

corte *f Gerichtshof*
Corte Constituyente - *verfassungsgebende Versammlung*
Corte de Apelación - *Berufungsgericht*

Cortes *fpl* **Generales** *spanisches Parlament*

coyuntura *f Konjunktur*

cuartel *m Quartier*
cuartel general - *Hauptquartier*

cumbre *f Gipfeltreffen*

D

debate *m Debatte*

debatir *debattieren; erörtern*

decreto *m Verfügung; Erlass*
decreto gubernamental - *Regierungserlass*
dictar un decreto - *ein Gesetz erlassen*

defensa *f Verteidigung*
defensa nacional - *Landesverteidigung*

deliberación *f Beratschlagung*

delito *m Delikt*
delito contra los derechos humanos – *Menschenrechtsverletzung*

democracia *f Demokratie*

democrático, -a *demokratisch*

democratización *f Demokratisierung*

depuración *f Säuberung*

derecha *f Rechte*
de derecha(s) – *rechtsorientiert*

derecho *m Recht*
derecho a voto – *Wahlrecht*
derecho a veto – *Vetorecht*
violación *f* de los derechos humanos – *Menschenrechtsverletzung*

derogar *aufheben*

derrocar *stürzen*

descentralización *f Dezentralisierung*

designación *f Ernennung*
designación de candidatos – *Aufstellung von Kandidaten (zur Wahl)*

destitución *f Absetzung; Entlassung*
destitución del cargo – *Amtsenthebung*

dictadura *f Diktatur*
dictadura militar – *Militärdiktatur*

dimisión *f Rücktritt*
presentar la dimisión – *zurücktreten*

dimitir *zurücktreten*

dinastía *f Dynastie*
dinastía borbónica – *bourbonische Dynastie*

diplomático, -a *m, f Diplomat(in)*

diputado, -a *m, f Abgeordnete(r)*
diputado independiente – *Fraktionsloser*

dirigente *mf Führer(in)*

discípulo, -a *m, f Schüler(in); Anhänger(in)*

discurso *m Rede*

ejecutar *ausführen*

ejercer *ausüben*

E

ejército *m Heer; Armee*

elección *f Wahl*
elecciones legislativas – *Parlamentswahlen*

electoral *Wahl-; Wähler-*
registro *m* electoral – *Wählerverzeichnis*

élite *f Elite*

embajada *f Botschaft*

embajador(a) *m(f) Botschafter(in)*

empadronarse *sich anmelden*

encuesta *f Umfrage*
hacer una encuesta – *eine Umfrage durchführen*

encuestado, -a *m, f Befragte(r)*

enmienda *f Änderungsvorschlag; Novellierung*

entidad *f Körperschaft*

ertzaina *mf baskische(r) Polizist(in)*

escisión *f Teilung; Spaltung*

estado *m Staat*
estado libre – *Freistaat*
estado comunitario – *Mitgliedsstaat der Europäischen Union*
estado miembro – *Mitgliedsstaat*

estatuto *m Verfassung; Gesetz*
Estatuto de Autonomía – *Autonomiestatut*

estructura *f Struktur*

ETA *f* **(Euskadi ta Askatasuna, Patria Vasca y Libertad)** *ETA*

exiliado, -a *m, f (politischer) Flüchtling*

exiliarse *ins Exil gehen*

exilio *m Exil*

extradición *f Auslieferung*

F

FAI *f* **(Federación Anarquista Ibérica)** *f Iberische anarchistische Förderation*

fascismo *m Faschismus*

fascista *mf Faschist(in)*

FE *f* **(Falange Española)** *faschistische, totalitäre Staatspartei Spaniens von 1933-1976*

federación *f Verband; Föderation*

federarse *sich verbünden; sich bundesstaatlich zusammenschließen*

feminista *feministisch*

fianza *f Kaution*

firmar *unterzeichnen; unterschreiben*

fiscal *mf Staatsanwalt, -anwältin*
Fiscal General del Estado – *Generalstaatsanwalt, -wältin*

franquismo *m Franco-Regime; Franquismus*

franquista[1] *franquistisch*

franquista[2] *mf Anhänger(in) Francos*

FRAP *f* **(Frente Revolucionario Antifascista Patriótico)** *Linke Terroristische Organisation*

frente *m Front*
Frente Popular – *Volksfront*

FSLN *f* **(Frente Sandinista de Liberación Nacional)** *Sandinistische Befreiungsfront*

Fuerzas *fpl* **Armadas** *Streitkräfte*

funcionario, -a *m, f Beamte(r), Beamtin*

fundación *f Stiftung*

fundamentalismo *m Fundamentalismus*

fundamento *m Grund*
sin fundamento – *unbegründet*

G

gabinete *m Kabinett*

gendarme *m Gendarm*

general *m General*
general en jefe – *Oberbefehlshaber*

Generalitat *f autonome Regierung Kataloniens*

gestión *f Geschäftsführung; Amtsführung*
la gestión de gobierno – *die Amtsführung der Regierung*

gobernador(a) *m(f) Gouverneur(in)*

gobierno *m Regierung*
formación *f* de Gobierno – *Regierungsbildung*
programa *m* de Gobierno – *Regierungsprogramm*
forma *f* de gobierno – *Regierungsform*

golpe *m Schlag*
golpe de estado – *Staatsstreich*
golpe militar – *Militärputsch*

gremio *m Innung; Zunft*

grupo *m* **parlamentario** *Fraktion*

Guardia *f* **Civil** *Guardia Civil*

gubernamental *Regierungs-*

guerrilla *f Guerilla*

H

honor *m Ehre*
cuestión *f* de honor – *Ehrensache*

I

idiosincrasia *f Idio(syn)krasie*

ilícito *unerlaubt; verboten*

imperialismo *m Imperialismus*

implantar *einführen*

incautación *f Beschlagnahmung*

indisoluble *unauflösbar*

informalidad *f Unzuverlässigkeit*

institución *f Institution*
institución penitenciaria – *Strafanstalt*

insurrección *f Aufstand*
insurrección militar – *Militärputsch*

intento *m Versuch; Absicht*

interregional *interregional*

interrogar *befragen*

intervención *f Eingriff*

investidura *f Einsetzung*

investigar *untersuchen; ermitteln*

izquierda *f Linke*

J

jefatura *f Leitung*
jefatura del gobierno – *Amt des Regierungschefs*

jefe, -a *m, f Chef(in); Leiter(in)*
jefe de(l) estado – *Staatschef*
jefe de gobierno – *Regierungschef*
jefe de partido – *Parteivorsitzender*

jerarquía *f Hierarchie*

JONS *fpl* **(Juntas de Ofensiva Nacional Sindicalista)** *faschistische Partei unter Franco*

juez(a) *m(f) Richter(in)*
juez de instrucción – *Untersuchungsrichter*

junta *f Ausschuss; Junta*
junta militar – *Militärjunta*
junta municipal – *Gemeinderat*

justicia *f Gerechtigkeit; Recht*
administrar justicia – *Recht sprechen*

L

legalización *f Legalisierung*

legislación *f Gesetzgebung; Recht*

legitimidad *f Legitimität*

ley *f Gesetz*
presentar una ley – *Gesetz einbringen*
promulgar una ley – *Gesetz erlassen*
la Ley Fundamental – *das Grundgesetz*

liberación *f* **nacional** *nationale Befreiung*

libertad *f Freiheit*
libertad de expresión – *Redefreiheit*

liderazgo *m Führung*

llamamiento *m Aufruf; Appell*

M

magistrado, -a *m, f Richter(in); hoher Beamter, hohe Beamtin*

mandatario, -a *m, f Bevollmächtige(r); Amtsträger*
primer mandatario – *Staatschef*

manifestación *f Demo(nstration)*

mariscal *m Marschall*

marxismo *m Marxismus*

marxista *marxistisch*

marxista *mf Marxist(in)*

medida *f Maßnahme*
tomar medidas – *Maßnahmen ergreifen*

milicia *f Miliz*
milicia nacional – *Bürgerwehr*

militar *mf Soldat(in); Militär-angehörige(r)*

ministerio *m Ministerium*
Ministerio del Interior – *Innenministerium*

ministro, -a *m, f Minister(in)*
ministro de Exteriores – *Außenminister*
ministro de Defensa – *Verteidigungsminister*
ministro de Economía – *Wirtschaftsminister*

moción *f Bewegung; Antrag*
moción de censura – *Misstrauensantrag*

monarca *mf Monarch(in)*

monarquía *f Monarchie*
monarquía constitucional – *konstitutionelle Monarchie*
monarquía absoluta – *absolutistische Monarchie*
monarquía hereditaria – *Erbmonarchie*

motín *m Meuterei*

motivo *m Grund Motiv*
motivo político – *politisches Motiv*

movimiento *m Bewegung*
el Movimiento (Nacional) – *der Franco-Putsch*

municipal *städtisch*
término *m* municipal – *Gemeindebezirk*

municipalidad *f Gemeindeverwaltung; Gemeinderat*

municipio *m Gemeinde; Rathaus*

N

nacionalidad *f Nationalität; Staats-angehörigkeit*

nacionalismo *f Nationalismus*

nacionalista[1] *nationalistisch*

nacionalista[2] *mf Nationalist(in)*

nacionalización *f Verstaatlichung; Einbürgerung*

noble *mf Adlige(r)*

nobleza *f Adel*

nombrar *ernennen*

O

oligarquía *f Oligarchie*

ONG *f* **(organización no gubernamental)** *NGO (Nicht-Regierungs-Organisation)*

ONU *f* **(Organización de las Naciones Unidas)** *Organisation der Vereinten Nationen*

oposición *f Opposition*

organismo *m Einrichtung*
organismo oficial – *Behörde*

organización *f Organisation*

órgano *m Organ; Behörde*
órgano de gobierno – *Regierungsbehörde*
órgano del Estado – *Staatsorgan*

OTAN *f* **(Organización del Tratado del Atlántico Norte)** *Nordatlantikpakt*

P

pacto *m Pakt; Vertrag*

país *m Land*
país comunitario – *EU-Land*

panel *m Panel; Diskussionsrunde*

parlamento *m Parlament*
Parlamento autonómico – *Regionalparlament*
Parlamento Europeo – *Europäisches Parlament*

partidiario, -a *m, f Anhänger(in); Befürworter(in)*

partido *m Partei*
partido político – *politische Partei*
Partido Conservador – *Konservative Partei*
Partido Liberal – *Liberale Partei*

patria *f Heimat*
madre *f* patria – *Mutterland*

patrimonio *m Erbe*

patriota *mf Patriot(in)*

PCE *m* **(Partido Comunista de España)** *Kommunistische Partei Spaniens*

PDC *m* **(Partido Demócrata Cristiano)** *Christlich Demokratische Partei*

PDP *m* **(Partido Demócrata Popular)** *Demokratische Volkspartei*

penal *Straf-*
antecedentes *mpl* penales – *Vorstrafen*

penalizar *bestrafen*

persecución *f Verfolgung*

petición *f Antrag*

PNV *m* **(Partido Nacionalista Vasco)** *Baskische Nationalistische Partei*

poder *m Macht*
poder ejecutivo – *Exekutive*
poder judicial – *Judikative*
poder legislativo – *Legislative*

polémico *strittig*

policía *mf Polizei*
policía local – *örtliche Polizei*
Cuerpo *m* Nacional de Policía – *staatliche Polizei*
policía autónoma – *Polizei der spanischen Autonomien*

política *f Politik*
política interior – *Innenpolitik*
política exterior – *Außenpolitik*
política económica – *Wirtschaftspolitik*

político[1], -a *politisch*

político[2], -a *m, f Politiker(in)*
fuerza *f* política – *politische Macht*

populismo *m Populismus (Politik, die die Gunst der Massen zu gewinnen sucht)*

populista *mf Populist(in)*

potencia *f Macht*
gran potencia – *Großmacht*

POUM *m* **(Partido Obrero de Unificación Marxista)** *Marxistische Arbeiterpartei*

PP *m* **(Partido Popular)** *Volkspartei*

prefecto *m Präfekt*

presidente *mf Präsident(in)*

Presidente *m* **del Gobierno** *Ministerpräsident(in); Regierungspräsident(in)*

preso, -a *m, f Häftling*
preso político – *politischer Häftling*

princesa *f Prinzessin*

príncipe *m Prinz; Fürst(in)*
Príncipe de Asturias – *der spanische Kronprinz*
príncipe heredero – *Kronprinz*

proceso *m Prozess; Vorgang*

proclamar *verkünden*
proclamar la República – *die Republik ausrufen*

progresista *mf Progressist(in)*

proletariado *proletarisch*

proletario, -a *m, f Proletarier(in)*

promoción *f Beförderung*

promulgación *f Verkündung; Erlassung*

promulgar *verkünden; (Gesetz) erlassen*

protectorado *m Protektorat*

protesta *f Protest; Einspruch*

provincia *f Provinz; (Glied)staat*

provincial *Provinz(ial)-*
capital *f* provincial – *Provinzhauptstadt*

provisional *provisorisch; vorläufig*
gobierno *m* provisional – *Interimsregierung*

proyecto *m Projekt; Entwurf*
proyecto de gobierno – *Kabinettsentwurf*
proyecto de ley – *Gesetz(es)entwurf*

PSA *m* **(Partido Socialista Andaluz)** *Sozialistische Andalusische Partei*

PSOE *m* **(Partido Socialista Obrero Español)** *Sozialistische Arbeiterpartei Spaniens*

PSP *m* **(Partido Socialista Popular)** *Sozialistische Volkspartei*

pueblo *m Volk; Volksstamm*

R

radical[1] *radikal*

radical[2] *mf Radikale(r)*

ratificar *ratifizieren*

ratificarse *in Kraft treten*

reaccionario[1], **-a** *reaktionär*

reaccionario[2], **-a** *m, f Reaktionär(in)*

reclamar *Einspruch erheben; fordern*

referéndum *m Volksabstimmung; Urabstimmung*

régimen *m Regierungsform; Regierungssystem*

región *f Gegend; Gebiet*

regional *regional*

regionalismo *m Regionalismus*

regir *regieren*

reglamentación *f Regelung; Reglementierung*

reglamento *m Vorschriften; Verordnung*

reina *f Königin*
reina madre – *Königinmutter*

reino *m Reich; Königreich*

renunciar *verzichten*
renunciar al trono – *abdanken*
renunciar a un cargo – *ein Amt niederlegen*

representante *mf Abgeordnete(r); Vertreter(in)*

represión *f Unterdrückung; Beschränkung*

república *f Republik*
república federal – *Bundesrepublik*
república popular – *Volksrepublik*
república socialista – *sozialistische Republik*

republicano[1], **-a** *republikanisch*

republicano[2] *m, f Republikaner(in)*

retirada *f Rückzug; Rücktritt*

revuelta *f Tumult; Revolte*

rey *m König*

ruptura *f Bruch; Abbruch*

S

sanción *f Strafe; Gesetz*

sandinista[1] *sandinistisch*

sandinista[2] *mf Sandinist(in) Mitglied der Frente Sandinista de Liberación Nacional, Nicaragua*

sede *f Sitz*

seguidor(a) *m(f) Anhänger(in)*

senado *m Senat*

senador(a) *m(f) Senator(in)*

separación *f* **de los poderes** *Gewaltenteilung*

servicio *m* **militar** *Wehrdienst*

símbolo *m Symbol*

sindical *Gewerkschafts-*

sindicato *m Gewerkschaft*

sistema *m System*

soberanía *f Souveranität*
soberanía territorial – *Gebietshoheit*

soberano[1], **-a** *souverän*

soberano[2], **-a** *m, f Herrscher(in); Fürst(in)*

socialismo *m Sozialismus*

socialista[1] *sozialistisch*

socialista[2] *mf Sozialist(in)*

sondeo *m Umfrage*

súbdito, -a *m, f Staatsbürger(in)*

subvención *f Subvention; Zuschuss*

sucesión *f Nachfolge; Thronfolge*

sucesor(a) *m(f) Nachfolger(in); Thronfolger(in)*

sufragio *m Wahlrecht; Wahlsystem*
sufragio universal – *allgemeines Wahlrecht*
sufragio (universal) directo – *(allgemeine) Direktwahl*

T

teniente *m Leutnant*
teniente coronel – *Oberstleutnant*

Tercer Mundo *m Dritte Welt*

terrateniente *mf Großgrundbesitzer(in)*

terrorismo *m Terrorismus*

terrorista[1] *terroristisch*

terrorista[2] *mf Terrorist(in)*
organización *f* terrorista – *Terrororganisation*

transformación *f Verwandlung*

transición *f Übergang*
transición política – *politischer Übergang*

tratado *m Vertrag*
tratado europeo – *EU-Vertrag*

tribu *f Stamm*

tribunal *m Gericht*
tribunal penal – *Strafgericht*
tribunal civil – *Zivilgericht*
Tribunal de Cuentas – *Rechnungshof*

Tribunal *m* **Constitucional** *Verfassungsgericht*

Tribunal *m* **Supremo** *Oberstes Gericht*

triunfo *m Sieg*

trono *m Thron*
subir al trono – *den Thron besteigen*
sucesor *m* al trono – *Thronfolger*

U

UCD *f* **(Unión de Centro Democrático)** *Vereinigung des demokratischen Zentrums*

UE *f* **(Unión Europea)** *EU (Europäische Union)*

UGT *f* **(Unión General de Trabajadores)** *sozialistische Gewerkschaft Spaniens*

urna *f Urne*
acudir a las urnas – *zur Wahl gehen*

utopía *f Utopie*

V

Vicepresidente, -a *m, f Vizepräsident(in); stellvertretende(r) Vorsitzende(r)*

victoria *f Sieg*

virreina *f Vizekönigin*

virrey *m Vizekönig*

votación *f Abstimmung*
votación a mano alzada – *Abstimmung durch Handzeichen*
someter algo a votación – *über etwas abstimmen lassen*

votar *wählen; abstimmen*

voto *m Stimme; Abstimmung*
derecho *m* a voto – *Stimmrecht*
voto en blanco – *Abgabe eines leeren Stimmzettels*
voto por correo – *Briefwahl*

A

acción *f Aktie*
acción común – *Stammaktie*
acción preferente – *Vorzugsaktie*

acueducto *m Aquädukt*

administración *f Verwaltung*
administración de una cuenta – *Kontoführung*
administración de fincas – *Haus- und Grundstücksverwaltung*
administración municipal – *Stadtverwaltung*

adquisición *f Erwerb; Übernahme*

afiliado, -a *angeschlossen*
afiliado a un sindicato – *Gewerkschaftsmitglied*

agencia *f Agentur*
agencia de viajes – *Reisebüro*
Agencia Tributaria – *Steuerbehörde*

agente *mf Vertreter(in)*
agente autorizado – *Vertragshändler(in)*
agente de bolsa – *Börsenmakler(in)*
agente exclusivo – *Alleinvertreter(in)*

agrícola *landwirtschaftlich*

agricultor(a) *m(f) Bauer, Bäuerin*

agricultura *f Landwirtschaft*

ahorrar *sparen; einsparen*

ahorro *m Ersparnis; Sparen*

almacenamiento *m (Ein)lagerung*

alza *m Anstieg; Erhöhung*
alza abusiva de los precios – *Preiswucher*

aportación *f Beitrag*
aportación dineraria – *Bareinlage*
aportación en especie – *Sacheinlage*

apoyo *m Unterstützung*
prestar apoyo a un plan – *einen Plan unterstützen*

arrendatario, -a *m, f Pächter(in)*

arriero, -a *m, f Maultiertreiber(in)*

artesanía *f Kunsthandwerk*

asalariado, -a *m, f Lohnempfänger(in)*

asesoría *f Beratung; Beratungsstelle*

asignación *f Zuweisung*
asignación de recursos – *Mittelzuweisung*

asociación *f Verband; Vereinigung*
Asociación Europea de Libre Cambio – *Europäische Freihandelszone*
Asociación de empresas – *Unternehmensverband*
Asociación monetaria – *Währungsverband*

atribución *f Zuschreibung; Befugnis*
atribuciones *pl* de un empleado – *Amtsbefugnisse*

auge *m Höhepunkt*

aumento *m Zunahme; Erhöhung*
ir en aumento – *ständig zunehmen*

autárquico, -a *autark*

B

balanza *f* **comercial** *Handelsbilanz*

bancarrota *f Bankrott*

banco *m Bank*
Banco Mundial – *Weltbank*
banco de datos – *Datenbank*
banco en casa – *Homebanking*

barrera *f Schranke*
barrera comercial – *Handelsbeschränkung*

beneficiario[1], -a *begünstigt*

beneficiario[2], -a *m, f Begünstigte(r)*

beneficio *m Nutzen; Gewinn*
a beneficio de – *zugunsten, zu Gunsten*

bien *m Gut*
bienes inmuebles – *Immobilien*
bienes de la tierra – *landwirtschaftliche Erzeugnisse*

bienestar *m Wohlbefinden; Wohlstand*
estado del bienestar – *Wohlfahrtsstaat*

billete *m Banknote; Geldschein*

bolsa *f Börse*
bolsa de trabajo – *Stellenvermittlung*

bonificación *f Gutschrift; Vergütung*

bracero, -a *m, f Tagelöhner(in); Hilfsarbeiter(in)*

C

caja *f Kasse*
caja de ahorros – *Sparkasse*
caja fuerte – *Tresor*

campesino, -a *m, f Bauer, Bäuerin; Landbewohner(in)*

campo *m Land; Feld, Acker*
campo de actuación – *Tätigkeitsfeld*

capitalismo *m Kapitalismus*

CEE *f* **(Comunidad Económica Europea)** *Europäische Wirtschaftsunion*

censo *m Volkszählung; statistische Erhebung*
censo electoral – *Wählerliste*

chaco *m* (AM) *Feld*

cifra *f Ziffer*
cifra de negocios – *Umsatz*
cifra de ventas – *Absatz*

ciudad *f Stadt*
ciudad industrial – *Industriestadt*

clase *f Sorte, Art; Klasse*
clase turista – *Touristenklasse*
trabajos de toda clase – *Arbeiten jeder Art*

cliente *mf Kunde, -in*
cliente habitual – *Stammkunde, -in*

código *m Zahl; Ziffer*
código bancario – *Bankleitzahl*

colaborador(a) *m(f) Mitarbeiter(in)*

colectivización *f Kollektivierung*

colega *mf Kollege, -in*

comarca *f (Land)kreis; Gebiet*

comercialización *f Vermarktung; Kommerzialisierung*

comercio *m Handel; Gewerbe*
comercio exterior – *Außenhandel*
comercio al por mayor – *Großhandel*
comercio ambulante – *Straßenverkauf*

comité *m Komitee; Ausschuss*
comité de empresa – *Betriebsrat*

compañía *f Gesellschaft*
compañía aérea – *Fluggesellschaft*

compra *f Kauf*
compra en línea – *Onlineshopping*
ir de compras – *einkaufen gehen*

Comunidad *f* **Económica Europea** *Europäische Wirtschaftsgemeinschaft*

condición *f Beschaffenheit; Bedingung*
condición de entrada – *Eintrittsbedingung*

confort *m Komfort*

congelación *f Einfrieren*
congelación salarial – *Einfrieren der Gehälter*

consorcio *m Konsortium; Gemeinschaft*

construcción *f Bau*

consumidor(a) *m(f) Verbraucher(in)*
consumidor final – *Endverbraucher*

consumir *verbrauchen*

consumo *m Verbrauch*
bienes de consumo – *Konsumgüter*
sociedad de consumo – *Konsumgesellschaft*

contabilidad *f Buchhaltung*
contabilidad por partida doble – *doppelte Buchführung*
contabilidad plurimonetaria – *Währungsbuchhaltung*

contrato *m Vertrag*
contrato de alquiler – *Mietvertrag*

convenio *m Abkommen*
convenio colectivo – *Tarifvertrag*

cooperativa *f Genossenschaft*

cosecha *f Ernte; Erntezeit*
de cosecha propia – *aus eigenem Anbau*

coste *m Kosten; Preis, Betrag*
coste de producción – *Produktionskosten*
coste salarial – *Lohnkosten*
coste total – *Gesamtkosten*

cotización *f Kurs; Notierung*

coyuntura *f Konjunktur*

crecimiento *m Wachstum; Kursanstieg*
crecimiento económico – *Wirtschaftswachstum*

crédito *m Kredit*
crédito puente – *Überbrückungskredit*
dar a crédito – *leihen*
pedir un crédito – *einen Kredit aufnehmen*

crisis *f Krise*
crisis económica – *Wirtschaftskrise*

cuenta *f Konto*
cuenta corriente – *Girokonto*
cuenta de crédito – *Kreditkonto*
cuenta de usuario – *Benutzerkonto*

cultivo *m Anbau*
cultivo de regadío – *Bewässerungskultur*
cultivo del suelo – *Bodenbearbeitung*

cuota *f Quote; Anteil*
cuota social – *Sozialabgabe*
cuota de mercado – *Marktanteil*
cuota de crecimiento – *Zuwachsrate*

currar *(fam) arbeiten; schaffen*

D

deficiencia *f Mangel*

déficit *m Defizit; Mangel*

demanda *f Forderung; Nachfrage*
demanda de empleo – *Stellengesuch*
demanda adicional – *Mehrbedarf*
algo tiene mucha demanda – *es besteht eine große Nachfrage nach etwas*

desafío *m Herausforderung*

desempleo *m Arbeitslosigkeit*

desequilibrio *m Ungleichgewicht*

desfavorecido, -a *benachteiligt*

despido *m Kündigung; Entlassung*
despido colectivo – *Massenentlassung*

deuda *f Schuld*
deuda externa – *Auslandsschuld*
deuda interna – *Inlandsschuld*
deuda a pagar – *fällige Schuld*

devaluación *f Abwertung*

diagrama *m Diagramm*
diagrama circular – *Tortendiagramm, Kreisdiagramm*
diagrama de barras – *Balkendiagramm*

dinero *m Geld*
dinero blanco – *Silbergeld*
dinero electrónico – *Cybercash*
dinero suelto – *Kleingeld*

distribución *f Verteilung; Ausschüttung*
distribución de beneficios – *Gewinnausschüttung*

dividendo *m Dividende*
arrojar dividendos – *Dividenden ausschütten*

dólar *m Dollar*

donación *f Spende; Schenkung*

dueño, -a *m, f Besitzer(in); Herr(in)*

E

economía *f Wirtschaft*
economía mundial – *Weltwirtschaft*
economía sumergida – *Schattenwirtschaft*
economía de la empresa – *Betriebswirtschaft*

económico, -a *wirtschaftlich*

economista *mf Wirtschaftswissenschaftler(in)*

ecotasa *f Ökosteuer; Ököabgabe*

ejido *m* (MEX) *Landgut*

embargo *m Embargo; Beschlagnahmung*

emisión *f Ausgabe*

empleado, -a *m, f Angestellte(r)*
empleado de oficina – *Sachbearbeiter*
empleado de ventanilla – *Schalterbeamter*
los empleados de una empresa – *die Belegschaft einer Firma*

empleo[1] *m Stelle; Beschäftigung*
no tener empleo – *arbeitslos sein*
crear empleo – *neue Arbeitsplätze schaffen*
pleno empleo – *Vollbeschäftigung*

empleo[2] *m Benutzung; Anwendung*
modo *m* de empleo – *Gebrauchsanweisung*
el empleo de materias primas y energía – *der Einsatz von Rohstoffen und Energie*

empresa *f Betrieb; Unternehmen*
mediana empresa – *mittelständischer Betrieb*
pequeña empresa – *Kleinbetrieb*

empresario, -a *m, f Unternehmer(in)*
pequeño empresario – *Kleinunternehmer*

energía *f Energie; Kraft*
energía nuclear – *Kernkraft*

entidad *f Vereinigung*
entidad bancaria – *Bankunternehmen*
entidad aseguradora – *Versicherungsgesellschaft*
entidad crediticia – *Kreditbank*

equilibrio *m Gleichgewicht*

estabilidad *f Stabilität; Dauerhaftigkeit*

estabilización *f Stabilisierung*

estadística *f Statistik*

estatización *f Verstaatlichung*

euro *m Euro*
la introducción del euro – *die Einführung des Euro*
la transición al euro – *der Übergang zum Euro*

explotación *f Nutzung; Abbau*
explotación abusiva – *Raubbau*
explotación de la energía – *Energienutzung*

explotar *nutzen; abbauen*

exportación *f Export*

expropiación *f Enteignung*
expropiación forzosa – *Zwangsenteignung*

expropiar *enteignen*

extracción *f Förderung*

F

fábrica *f Fabrik*

fabricante *mf Fabrikant(in); Hersteller(in)*

factor *m Faktor*
factor de riesgo – *Risikofaktor*

factura *f Rechnung; Quittung*
pasar una factura – *eine Rechnung ausstellen*

falta *f Mangel*
falta de dinero – *Geldmangel*
falta de liquidez – *Liquiditätsengpass*

fertilizante *m Düngemittel*

financiación *f Finanzierung*

finanzas *fpl Finanzen*

finca *f Grundstück; Landgut*

fomentar *fördern; ankurbeln*

fomento *m Förderung; Ankurbelung*

fondo *m Fonds*
fondo común – *Geld zusammenlegen*
Fondo Monetario Internacional – *Internationaler Währungsfonds*
Fondo Social Europeo – *Europäischer Sozialfonds*

fuente *f Quelle*
fuente de ingresos – *Einnahmequelle*

fundación *f Gründung*

fusión *f Fusion*

G

gasto *m Ausgabe; Kosten*
gastos de personal – *Personalaufwand*

globalización *f Globalisierung*

gráfico *m Schaubild*
gráfico de tarta – *Tortendiagramm*
tarjeta *f* de gráficos – *Grafikkarte*

guía *mf Führer(in)*
guía turística – *Reiseführer(in)*

H

hacienda *f (Land)gut; Vermögen*
la hacienda pública – *die Staatsfinanzen*

hectárea *f Hektar*

hogar *m Haushalt*

hospitalidad *f Gastfreundschaft*

hotel *m Hotel*

huelga *f Streik*
huelga de hambre – *Hungerstreik*
convocar a una huelga – *einen Streik ausrufen*

I

importación *f Import; Importware*

impuesto *m Steuer*
impuesto sobre la renta – *Einkommensteuer*
impuesto sobre el valor añadido – *Mehrwertsteuer*
impuesto sobre los salarios – *Lohnsteuer*

incautación *f Beschlagnahmung*

incrementar *erhöhen; steigern*

incremento *m Erhöhung; Wachstum*

independiente *mf Selbstständige(r)*

industria *f Industrie*

industrial *Industrie-; industriell*
planta *f* industrial – *Fabrik(anlage)*
zona *f* industrial – *Industriegebiet*

INEM *m* **(Instituto Nacional de Empleo)** *Staatliches Institut für Arbeitsvermittlung (spanisches Arbeitsamt)*

inflación *f Inflation; Übermaß*

ingreso *m Einnahmen; Einkommen*

intercambio *m Austausch; Tausch*
intercambio de productos – *Warentausch*

interés *m Zinssatz; Zinsen*
un 10 % de interés – *10 % Zinsen*
dar mucho interés – *viel Zinsen abwerfen*

inversión *f Investition*

IRPF *m* **(impuesto sobre la renta de las personas físicas)** *Einkommensteuer (für natürliche Personen)*

IVA *m* **(impuesto sobre el valor añadido)** *MwSt. (Mehrwertsteuer)*

J

jefe, -a *m, f Chef(in); Leiter(in)*

jornada *f Arbeitstag; Arbeitszeit*
jornada continua – *gleitende Arbeitszeit*
jornada partida – *Arbeitstag mit langer Mittagspause*
trabajar media jornada – *halbtags arbeiten*

jornal *m Tagelohn*
trabajar a jornal – *als Tagelöhner arbeiten*

jubilación *f Pensionierung; Rente*

jubilarse *pensionieren; in Rente gehen*

L

laboral *Arbeits-*

labrador(a) *m(f) Landwirt(in)*

liberalización *f Liberalisierung*

M

manifestación *f Demonstration*

mano *f* **de obra** *Arbeitskraft*

maquinaria *f Maschinenbauindustrie*

materia *f Materie*
materia prima – *Rohstoff*

medida *f Maßnahme*
tomar medidas – *Maßnahmen ergreifen*

mercado *m Markt*
mercado de capitales – *Kapitalmarkt*
mercado de divisas – *Devisenbörse*
Mercado Único Europeo – *Europäischer Binnenmarkt*

mercancía *f Ware*

mina *f Bergwerk*
mina de carbón – *Kohlenbergwerk*
este negocio es una mina – *dieses Geschäft ist eine wahre Goldgrube*

minería *f Bergbau*

miseria *f Elend*
caer en la miseria – *in Not und Elend geraten*
vivir en la miseria – *in Armut leben*

mita *f Pflicht der Indios zur Fronarbeit*

moneda *f Münze; Währung*
moneda única – *einheitliche Währung*
moneda extranjera – *Devisen*
moneda de curso legal – *gesetzliches Zahlungsmittel*

monopolio *m Monopol*

monopolizar *monopolisieren*

multinacional *f multinationaler Konzern*

mundo *m Welt; Erde*
mundo profesional – *Berufsleben*

N

nacionalización *f Verstaatlichung*

nacionalizar *verstaatlichen*

narcotráfico *m Drogenhandel*

negociación *f Verhandlung*
negociación colectiva – *Tarifverhandlung*
entrar en negociaciones con alguien – *mit jdm Verhandlungen aufnehmen*

negociar *handeln*

negocio *m Geschäft*
negocio al detalle – *Einzelhandel*
negocio redondo – *Bombengeschäft*

O

obrero, -a *m, f Arbeiter(in)*
obrero agrícola – *Landarbeiter*
obrero asalariado – *Lohnarbeiter*
obrero desocupado – *Arbeitsloser*

oferta *f Angebot*
oferta de empleo – *Stellenangebot*
oferta especial – *Sonderangebot*

ONG *f* **(Organización no gubernamental)** *NGO (Nichtregierungsorganisation)*

organismo *m Einrichtung*
organismo oficial – *Behörde*

P

pago *m Zahlung*
pago adicional – *Nachzahlung*
pago a plazos – *Ratenzahlung*
pago por hora – *Stundenlohn*

país *m Land*
país comunitario – *EU-Land*
país industrializado – *Industrienation*
país en vías de desarrollo – *Entwicklungsland*

parado, -a *arbeitslos*

parámetro *m Parameter*

paridad *f Parität*
paridad adquisitiva – *Kaufkraftparität*
paridad de cambio – *Währungsparität*

paro *m* **laboral** *Streik*

patrón, -ona *m, f Chef(in)*

patrón *m* **monetario** *Ankerwährung*

patrono, -a *m, f Arbeitgeber(in)*

pensión *f (Alters)rente*
pensión recibida de la empresa – *Betriebsrente*
pensión de viudez – *Witwenrente*

permiso *m Erlaubnis*
permiso de trabajo – *Arbeitserlaubnis*

peseta *f (historisch) Pesete*

petróleo *m Erdöl*

PIB *m* **(Producto Interior Bruto)** *BIP (Bruttoinlandsprodukt)*

plantación *f Plantage*

plantilla *f Belegschaft*
plantilla de profesores – *Lehrerschaft*

plata *f* (AM) *Geld*

playa *f Strand*

pobreza *f Armut*

poder *m* **adquisitivo** *Kaufkraft*

porcentaje *m Prozentsatz*

potencia *f Macht*
gran potencia – *Großmacht*

potenciación *f Verstärkung; Steigerung*

precario, -a *prekär*

precio *m Preis*
precio al consumidor – *Verbraucherpreis*
precio al contado – *Nettopreis*
precio de conversión – *Konversionskurs*

presión *f Druck*
presión *f* fiscal – *Steuerbelastung*

prestación *f Leistung*
prestación por desempleo – *Arbeitslosengeld*
prestación de servicios – *Erbringung von Dienstleistungen*
Prestación Social Sustitutoria – *Zivildienst*

préstamo *m Darlehen*
préstamo hipotecario – *Bauspardarlehen*
préstamo a interés fijo – *Darlehen mit festen Zinssätzen*

presupuesto *m Etat, Haushalt; Budget*
presupuesto anual – *Jahresetat*
Presupuesto General del Estado – *Staatshaushalt*
la confección del presupuesto – *die Aufstellung des Haushaltsplanes*

pretensión *f Anspruch*
pretensión económica – *Gehaltsforderung*

privatización *f Privatisierung*

proceso *m Prozess; Vorgang*
proceso de cambio para las transacciones en efectivo *Bargeldumstellung*

producción *f Produktion*
producción en cadena – *Fließbandfertigung*
producción por encargo – *Auftragsfertigung*
producción en masa – *Massenproduktion*

producto *m Ertrag; Erlös*
Producto Interior Bruto – *Bruttoinlandsprodukt*
Producto Nacional Bruto – *Bruttosozialprodukt*

promoción *f Förderung*

propiedad *f Eigentum; Besitz*
propiedad privada – *Privatbesitz, -eigentum*
propiedad industrial – *gewerbliches Eigentum*

propietario, -a *m, f Eigentümer(in)*

proteccionismo *m Protektionismus*
proteccionismo económico – *Wirtschaftsprotektionismus*

puesto *m (Arbeits)stelle*
puesto de trabajo – *Arbeitsplatz*

Q

quiebra *f Konkurs*
dar en quiebra – *Konkurs machen*

R

recaudación *f Einnehmen; Steuererhebung*
recaudación diaria – *Tageseinnahmen*
oficina *f* de recaudación – *Finanzamt*

recibo *m Rechnung*
recibo de entrega – *Lieferschein*

reforma *f Reform*
reforma monetaria – *Währungsreform*
reforma del sistema tributario – *Steuerreform*
reforma agraria – *Agrarreform*

regadío *m Bewässerungsgelände*

remesa *f Überweisung*

remuneración *f Bezahlung; Lohn*

renta *f Einkommen*
renta per cápita – *Pro-Kopf-Einkommen*
rentas públicas – *Staatseinkünfte*

rentabilidad *f Wirtschaftlichkeit; Rentabilität*

rentable *rentabel*

riesgo *m Risiko*
asumir un riesgo – *ein Risiko eingehen*

riqueza *f Reichtum*

ruina *f Ruin*
estar en la ruina – *ruiniert sein*
causar la ruina de alguien – *jdn zugrunde richten*

S

S.A. *f* **(Sociedad Anónima)** *AG (Aktiengesellschaft)*

salario *m Lohn; Gehalt*
salario mínimo – *Mindestlohn*

sector *m Sektor*
sector agrícola – *Landwirtschaftssektor*
sector económico – *Wirtschaftszweig*

seguro *m Versicherung*
seguro privado – *Privatversicherung*
seguro médico – *Krankenversicherung*

sembrar *säen*

servicio *m Dienst; Dienstleistung*
servicio público – *öffentliche Dienstleistung*

siembra *f Aussaat*

sindicato *m Gewerkschaft*

sistema *m System*
sistema operativo – *Betriebssystem*

socio, -a *m, f Geschäftspartner(in); Gesellschafter(in)*
socio comercial – *Handelspartner*

solicitar *beantragen*

solicitud *f Antrag*
solicitud de empleo – *Bewerbungsschreiben*
solicitud de oferta – *Anfrage*
solicitud de trabajo – *Bewerbung*

sostenible *nachhaltig*
desarrollo *m* sostenible – *nachhaltige Entwicklung*

subasta *f Versteigerung*

subempleo *m Unterbeschäftigung*

subsidio *m Beihilfe*
subsidio de paro – *Arbeitslosengeld*

suburbio *m Vorstadt; Vorort*

subvención *f Zuschuss; Subvention*

sucursal *f Niederlassung; Filiale*

sueldo *m Lohn; Gehalt*
sueldo fijo – *Fixum*

T

tarifa *f Tarif; Gebühr*
tarifa especial – *Sondertarif*
tarifa fija – *Festpreis*

tarjeta *f* **de crédito** *Kreditkarte*

tasa *f Rate*
tasa de interés – *Zinssatz*
tasa de desempleo – *Arbeitslosenquote*
tasa de actividad – *Beschäftigungsquote, -rate*

tecnología *f Technologie*
tecnología punta – *Spitzentechnologie*

tercer *m* **mundo** *Dritte Welt*

tercermundista *Dritte-Welt-*

termalismo *m Kur- und Bädertourismus*

tierra *f Land*
tierra de labor – *Ackerland*
tierra de pastos – *Weideland*
poseer tierras – *Land besitzen*

TLC *m* **(Tratado de Libre Comercio)** *NAFTA (nordamerikanisches Freihandelsabkommen)*

trabajador(a) *m(f) Arbeiter(in)*
trabajador autónomo – *Selbstständiger*

trabajo *m Arbeit*
trabajo en equipo – *Gruppenarbeit*
trabajos forzados – *Zwangsarbeit*
trabajo en cadena – *Fließbandarbeit*

tráfico *m Handel*
tráfico de contrabando – *Schmuggel*
tráfico de influencias – *Vetternwirtschaft*

transacción *f Transaktion*

tributo *m Steuer; Abgabe*
pagar tributo – *Tribut zollen*

trueque *m Austausch; Tauschhandel*

turismo *m Tourismus*
turismo vacacional – *Urlaubstourismus*
industria *f* del turismo – *Tourismusbranche*
oficina *f* de turismo – *Fremdenverkehrsamt*

turismo *m* **de masas** *Massentourismus*

turismo *m* **rural** *Urlaub auf dem Bauernhof*

turismo *m* **sostenible** *nachhaltiger Tourismus*

turista *mf Tourist(in)*

turístico, -a *touristisch*

U

Unión *f* **Económica y Monetaria** *Wirtschafts- und Währungsunion*

urbanización *f Bebauung*

usuario, -a *m, f Benutzer(in)*

V

valor *m Wertpapiere*
valores bursátiles – *Börsenpapiere*

venta *f Verkauf*
en venta – *zu verkaufen*
precio *m* de venta al público – *Verkaufspreis*
volumen *m* de ventas – *Umsatz*

A

abonar *düngen*

abono *m Dünger*
abono químico – *Kunstdünger*

accidente *m Unfall*

acumularse *sich ansammeln*

adaptar *anpassen*
adaptarse a – *sich anpassen an*

aerogenerador *m Windgenerator*

aerosol *m Spraydose; Aerosol*

afectado, -a *affektiert*

agotarse *sich erschöpfen*

agua *m Wasser*
agua potable – *Trinkwasser*
aguas *pl* residuales – *Abwasser*
aguas *pl* depuradas – *Klärwasser*
aguas *pl* negras – *Abwasser*

aire *m Luft; Wind*
aire contaminado – *verschmutzte Luft*
aire acondicionado – *Klimaanlage*
corriente *m* de aire – *Luftzug*

almacenamiento *m Lagerung*

alternativa *f Alternative*

alternativo, -a *alternativ; wechselnd*

ambiente *m Umgebung; Milieu*
nocivo para el medio ambiente – *umweltschädlich*

amenaza *f Bedrohung*
amenaza de bomba – *Bombendrohung*
una amenaza para la paz – *eine Bedrohung des Friedens*

amenazador(a) *bedrohlich*

amenazar *bedrohen*
amenazado de extinción – *vom Aussterben bedroht*

angustia *f Angst*
angustia vital – *Lebensangst*

aprovechamiento *m Nutzung*
aprovechamiento del espacio – *Platzausnutzung*
aprovechamiento de desperdicios – *Abfallverwertung*
aprovechamiento de la energía solar – *Nutzung von Sonnenenergie*

área *m Fläche; Gebiet*
área de bajas presiones – *Tiefdruckgebiet*

asfixiar *ersticken*

asociación *f* **ecologista** *Umweltverband*

atasco *m Stau; Hindernis*

atmosférico, -a *atmosphärisch*
presión *f* atmosférica – *Luftdruck*

atrapar *halten; (ein)fangen*

autodepurador(a) *selbstreinigend*

avalancha *f Schlammlawine*

B

basura *f Abfall; Müll*
basura del hogar / doméstica – *Hausmüll*
basura espacial – *Weltraummüll*
echar algo a la basura – *etwas wegwerfen*

basura *f* **orgánica** *Biomüll*

biodiversidad *f Artenvielfalt*
Tratado de Biodiversidad – *Artenschutzabkommen*

bioenergía *f Bioenergie*

bióxido *m* **de carbono** *Kohlendioxyd*

bosque *m* **primario** *Urwald*

C

cadena *f* **alimentaria** *Nahrungskette*

calentamiento *m Erwärmen; Erhitzen*
calentamiento global – *globale Erwärmung*
calentamiento del planeta – *Erderwärmung*

cambio *m (Ver)änderung*
cambio climático – *Witterungsänderung, Klimaveränderung*

capa *f* **de ozono** *Ozonschicht*

carbón *m Kohle*
carbón de leña – *Holzkohle*

casquete *m* **polar** *Polarkappe*

cataclismo *m Kataklysmus; Weltuntergang*

catástrofe *f Katastrophe; Unglück*

catastrófico, -a *katastrophal*
zona *f* catastrófica – *Katastrophengebiet*

CFC *m* **(clorofluorocarbonos)** *FCKW (Fluorchlorkohlenwasserstoffe)*

científico, -a *m, f Wissenschaftler(in)*

clima *m Klima*

climatólogo, -a *m, f Klimaforscher(in)*

combustible *m Brennstoff; Kraftstoff*
combustible fósil – *fossiler Brennstoff*

combustión *f Verbrennung; Abbrennen*

conciencia *f Bewusstsein*
a conciencia – *gewissenhaft*
tomar conciencia de algo – *sich einer Sache bewusst werden*
cargo *m* de conciencia – *schlechtes Gewissen*

consecuencia *f Auswirkung; Folge*

conservación *f Erhaltung; (Auf)-bewahrung*

conservar *erhalten; (auf)bewahren*

consideración *f Respekt; Rücksicht*
falta *f* de consideración – *Rücksichtslosigkeit*

contaminación *f Verschmutzung; Verseuchung*
contaminación ambiental – *Umweltverschmutzung*
contaminación radiactiva – *radioaktive Verseuchung*
contaminación acústica – *Lärmbelästigung*

contaminado, -a *verschmutzt; vergiftet*

contaminante *umweltverschmutzend*

contaminar *verschmutzen; verseuchen*

D

damnificado, -a *m, f Geschädigte(r)*
los damnificados por el huracán – *die Orkangeschädigten*

dañado, -a *beschädigt*

daño *m Schaden*
daños ecológicos – *Umweltschäden*
daño por radiación – *Strahlenschaden*
daños por tempestad – *Sturmschäden*

debido a *aufgrund von*

deforestación *f Entwaldung; Abholzung*

degradación *f Degradierung; Verschlechterung*
degradación del medio ambiente – *Verschlechterung der Umweltbedingungen*

degradar *degradieren; verschlechtern*
degradar el medio ambiente – *die Umwelt verpesten*

demandar *verlangen; fordern*

denunciar *anzeigen; denunzieren*

depuración *f Reinigung*

derrame *m Überlaufen*

derretirse *schmelzen*
derretirse de calor – *vor Hitze vergehen*

desaparición *f Verschwinden*

desarrollo *m Entwicklung; Wachstum*

desarrollo *m* **sostenible** *nachhaltige Entwicklung*

desastre *m Katastrophe*
desastre natural – *Naturkatastrophe*

desecho *m Abfall; Müll*
desechos *pl* tóxicos – *Giftmüll*
desecho nuclear – *Atommüll*

desequilibrio *m Ungleichgewicht*

desertificación *f Desertifikation; Wüstenbildung*

desertización *f Desertifikation; Verwüstung*

desolador(a) *erschütternd; bewegend*

desperdicio *m Abfall*
desperdicios *pl* biológicos – *Biomüll*

desprendimiento *m Ablösung*
desprendimiento de tierras – *Erdrutsch*

destrucción *f Zerstörung*

detergente *m Reinigungsmittel*

deterioro *m Verschlechterung; Verderben*
sin deterioro – *unbeschädigt*
sujeto a deterioro – *verderblich*

determinación *f Bestimmung; Entschluss*
determinación de los daños – *Schadensfestsetzung*
tomar una determinación – *eine Entscheidung treffen*

determinante *entscheidend*

devastador *verheerend; zerstörerisch*

diluvio *m Sintflut; Flut*

disminución *f Abnahme; Verringerung*
disminución de los precios – *Preissenkung*
disminución de la presión – *Druckabfall*

dosificador *m Dosierer*

E

ecología *f Ökologie; Umweltforschung*

ecológico, -a *ökologisch*
daños *mpl* ecológicos – *Umweltschäden*
producción *f* ecológica – *biologischer Anbau*

ecologista *mf Umweltschützer(in)*

ecólogo, -a *m, f Umweltforscher(in)*

ecosistema *m Ökosystem*

ecoturismo *m Ökotourismus*

efecto *m Wirkung; Ergebnis*
efecto invernadero – *Treibhauseffekt*
hacer efecto – *wirken*

eliminar *beseitigen*

emisión *f Emission; Ausstoß*
emisiones contaminantes – *Schadstoff-emissionen*

energía *f Energie; Kraft*

energía *f* **eólica** *Windenergie*

energía *f* **geotérmica** *Erdwärmeenergie*

energía *f* **hidráulica** *Wasserenergie*

energía *f* **nuclear** *Atomenergie; Kernkraft*

energía *f* **solar** *Solarenergie*

energías *fpl* **renovables** *erneuerbare Energien*

entorno *m Umwelt*

envase *m Verpackung*
envase no retornable – *Einwegverpackung*
envase reciclable – *Mehrwegverpackung*
envase de recambio – *Nachfüllpackung*

envenenar *vergiften*

equilibrio *m Gleichgewicht*
equilibrio ecológico – *ökologisches Gleichgewicht*

erosión *f Erosion*
erosión del suelo – *Bodenerosion*
sufrir erosión – *Schaden nehmen*

erupción *f Eruption*
erupción volcánica – *Vulkanausbruch*

escasez *f Mangel*
escasez de lluvias – *spärliche Regenfälle*
una región con escasez de agua – *ein wasserarmes Gebiet*

esfuerzo *m Anstrengung*
sin esfuerzo – *mühelos*
hacer un esfuerzo – *sich anstrengen*

espacio *m Weltraum*

especie *f Spezies; Art*
especie amenazada de extinción – *vom Aussterben bedrohte Spezies*

explotación *f Nutzung; Bebauung*
explotación abusiva – *Raubbau*
explotación de la energía – *Energienutzung*

extenderse *sich ausbreiten; sich ausdehnen*

exterminar *ausrotten; zerstören*

extinción *f Aussterben*
en vías de extinción – *vom Aussterben bedroht*

extinguirse *aussterben*

F

factor *m Faktor*
factor de riesgo – *Risikofaktor*

fértil *fruchtbar*

fertilidad *f Fruchtbarkeit; Ergiebigkeit*

forestal *forstlich, Forst-*
camino *m* forestal – *Waldweg*
repoblación *f* forestal – *Aufforstung*

fuel *m Heizöl*

fuente *f Quelle*
fuente de energía – *Energiequelle*
fuentes de energías renovables – *regenerative Energiequellen*

futuro *m Zukunft*

G

gas *m Gas*
gas natural – *Erdgas*
gases invernadero – *Treibhausgase*

glaciar *m Gletscher*

H

hábitat *m Habitat (natürlicher Lebensraum)*

hidrocarburo *m Kohlenwasserstoff*

hidroeléctrico, -a *hydroelektrisch*
central *f* hidroeléctrica – *Wasserkraftwerk*

hielo *m Eis; Frost*

huracán *m Orkan*

I

impedir *verhindern*

impulsar *vorantreiben; bewegen zu*

incendio *m Brand; Feuer*
incendio intencionado – *Brandstiftung*

infección *f Ansteckung; Infektion*

insecticida *m Insektenvertilgungsmittel; Insektizid*

intervención *f Teilnahme; Eingreifen*

intoxicación *f Vergiftung*

inundación *f Überschwemmung*

investigación *f Untersuchung; Forschung*

irresponsabilidad *f Unverantwortlichkeit; Verantwortungslosigkeit*

irresponsable *verantwortungslos*

irreversible *irreversibel*

L

lluvia *f Regen*
lluvia torrencial – *sintflutartiger Regen*
época *f* de las lluvias – *Regenzeit*

M

madera *f Holz*

marea *f* **negra** *Ölpest*

maremoto *m Seebeben*

marino, -a *Meeres-*

medio *m* **ambiente** *Umwelt*

mineral *m Erz*

modificación *f Veränderung*

molestia *f Beschwerde; Belästigung*

motivo *m Grund; Motiv*

N

naturaleza *f Natur*
naturaleza muerta – *Stillleben*
en plena naturaleza – *in der freien Natur*

nocivo, -a *schädlich*
nocivo para la salud – *gesundheitsschädlich*

nube *f Wolke*
nube de polvo – *Staubwolke*

O

obstáculo *m Hindernis*
salvar un obstáculo – *ein Hindernis nehmen*

ocasionar *verursachen; hervorrufen*

ola *f* **de calor** *Hitzewelle*

organización *f Organisation*
organización medioambiental – *Organisation für die Umwelt*
Organización de las Naciones Unidas – *Organisation der Vereinten Nationen*

oxigenación *f Versetzung mit Sauerstoff*

oxígeno *m Sauerstoff*

ozono *m Ozon*
agujero *m* en la capa de ozono – *Ozonloch*

P

parque *m* **natural** *Naturschutzgebiet*

peligro *m Gefahr*
peligro de incendio – *Brandgefahr*
fuera de peligro – *außer Gefahr*
poner en peligro – *gefährden*

peligroso, -a *gefährlich*

pérdida *f Verlust*
pérdida de energía – *Energieverlust*

perjudicado, -a *m, f Geschädigte(r)*

perjudicar *schaden; zerstören*
fumar perjudica la salud – *Rauchen gefährdet die Gesundheit*

perjudicial *schädlich*

perjuicio *m Schaden; Zerstörung*
causar perjuicios – *Schaden zufügen*

perspectiva *f Perspektive*

pesticida *m Pestizid; Schädlingsbekämpfungsmittel*

petróleo *m Erdöl*

placa *f* **solar** *Solarzelle*

planeta *m Planet*

polución *f Verschmutzung*
polución ambiental – *Umweltverschmutzung*
polución del aire – *Luftverschmutzung*

porquería *f Dreck*

precipitación *f Niederschlag*

preservación *f Schutz*
preservación del medio ambiente – *Umweltschutz*

preservar *schützen*

problema *m Problem*
problema ambiental – *Umweltproblem*

proceso *m* **industrial** *Industrieverfahren*

proponer *vorschlagen*
proponer una solución – *eine Lösung vorschlagen*

proposición *f Vorschlag*

protección *f Schutz*
protección del medio ambiente – *Umweltschutz*
protección contra incendios – *Brandschutz*

protector(a)[1] *(be)schützend*
sociedad *f* protectora de animales – *Tierschutzverein*

protector(a)[2] *m(f) Beschützer(in)*

proteger *unter Naturschutz stellen; (be)-schützen*

provocar *verursachen*
provocar un incendio – *einen Brand verursachen*

Q

quema *f Verbrennen; Brand*

R

radiación *f* **solar** *Sonnen(ein)strahlung*

reciclaje *m Recycling, Wiederverwertung*

reciclar *recyceln , wiederverwerten*

recurso *m Vorräte*
recurso natural – *natürliche Ressourcen*

reducción *f Abnahme Verringerung*

reforestación *f (Wieder)aufforstung*

regar *gießen; bewässern*

renovable *erneuerungsfähig*

rentable *lohnend; rentabel*

reserva *f Reservat*

residuo *m Abfall; Ausschuss*
residuos de las fábricas – *Fabrikabfälle*
residuos *pl* radiactivos – *Atommüll*
residuos *pl* tóxicos – *Giftmüll*

respeto *m Respekt; Hochachtung*
respeto a la naturaleza – *Ehrfurcht vor der Natur*

responsable *verantwortlich*

riego *m Bewässerung*

S

salvar *retten*
salvar del peligro – *aus der Gefahr retten*

sanitario, -a *gesundheitlich*

selva *f* **lluviosa** *Regenwald*

sequía *f Dürre*

ser humano *m Mensch*

ser vivo *m Lebewesen*

sistema *m System*
sistema de prevención – *Schutzsystem*

smog *m Smog*

solución *f Lösung*
no tener solución – *unlösbar sein*
no hay más solución – *man kann nichts weiter tun*

solucionar *lösen*

suciedad *f Schmutz; Schmutzigkeit*

superar *überwinden*

sustancia *f* **nociva** *Schadstoff*

T

tala *f Fällen*

talar *fällen*

temblor *m* **(de tierra)** *Erdbeben*

témpano *m Eisscholle*

temperatura *f Temperatur*

terremoto *m Erdbeben*

tierra *f Erde*
tierra vegetal – *Komposterde*

toma *f* **de conciencia** *Bewusstwerdung*

tormenta *f Gewitter; Sturm*

tragedia *f Tragödie*

transformación *f Verwandlung; Veränderung*

turbina *f* **generadora** *Turbinengenerator*

V

valoración *f Schätzung*

vapor *m* **de agua** *Wasserdampf*

variación *f Veränderung*

ventaja *f Vorteil*

vertedero *m Mülldeponie; Müllkippe*
vertedero ilegal – *wilde Müllkippe*

vertidos *mpl Abfälle; Abfallstoffe*

viviente *lebendig; lebend*
seres vivientes – *Lebewesen*

Z

zona *f Zone*
zona verde – *Grünzone*

A

abandono *m Vernachlässigung; Verlassen*
aborto *m Abtreibung; Fehlgeburt*
actitud *f Haltung; Verhalten*
actividad *f Tätigkeit; Beschäftigung*
actividad profesional – *Beruf*
adolescencia *f Jugend*
adolescente *mf Jugendliche(r)*
adopción *f Adoption; Annahme*
adultez *f Erwachsenenalter*
adulto, -a *m, f Erwachsene(r)*
aislamiento *m Abgeschiedenheit*
alfabetización *f Alphabetisierung*
analfabetismo *m Analphabetismus*
anciano, -a *m, f Alte(r)*
año *m* **académico** *Schuljahr*
apoyo *m Unterstützung; Hilfe*
aprendizaje *m (Er)lernen; Lehre*
aprendizaje en línea – *Online-Lernen*
puesto *m* de aprendizaje – *Lehrstelle*
tiempo *m* de aprendizaje – *Lehrzeit*
arzobispado *m Erzbistum; Sitz des Erzbischofs*
asignatura *f (Schul)fach*
asignatura pendiente – *noch zu bestehendes Fach*
aspirar *streben*
aspirar a mucho en la vida – *im Leben hoch hinauswollen*

B

bachillerato *m Oberstufe des Gymnasiums; Abitur*
balsero, -a *m, f Flößer(in)*
beca *f Stipendium*
conceder una beca a alguien – *jdm ein Stipendium gewähren*
solicitar una beca – *sich um ein Stipendium bewerben*
bienestar *m Wohlstand; Wohlbefinden*
blanco, -a *m, f Weiße(r)*

C

capellán *m Kaplan; Geistliche(r)*
cardenal *m Kardinal*
caridad *f Nächstenliebe; Wohltätigkeit*
hacer obras de caridad – *Wohltätigkeit üben*
carrera *f Karriere; Studiengang*
carrera universitaria – *Universitätsstudium*
carrera profesional – *beruflicher Werdegang*
cátedra *f Lehrstuhl; Professur*
catedral *f Kathedrale*
celibato *m Zölibat; Singledasein*
centro *m Zentrum; Einrichtung*
centro de enseñanza – *Ausbildungsstätte*
cholo, -a *m, f* (AM) *in die kreolische Gesellschaft integrierte(r) Indianer(in)*
cifra *f* **de inmigración** *Einwanderungszahl*
circunstancia *f Umstand*
en estas circunstancias – *unter diesen Umständen*
ciudadanía *f Staatsangehörigkeit; Bürgerschaft*
ciudadano, -a *m, f Staatsbürger(in)*
civilización *f Zivilisation*
clandestino, -a *heimlich*
reunión *f* clandestina – *geheimes Treffen*
clase[1] *f (Gesellschafts)schicht*
clase alta – *Oberschicht*
clase media – *Mittelschicht*
clase baja – *Unterschicht*
clase[2] *f Klasse; Unterricht*
dar clase – *unterrichten*
colegio *m Schule*
ir al colegio – *zur Schule gehen*
condiciones *fpl* **de vida** *Lebensbedingungen*
confianza *f Vertrauen; Zuversicht*
amiga *f* de confianza – *enge Freundin*
amigo *m* de confianza – *enger Freund*
consideración *f Erwägung; Überlegung*
control *m Kontrolle; Überwachung*
control aduanero – *Zollkontrolle*
convento *m Kloster*
convivencia *f Zusammenleben*
conyugal *ehelich-; Ehe-*

cónyuge *mf Ehemann, -frau*

cortesía *f Höflichkeit; Freundlichkeit*
fórmula *f* de cortesía - *Höflichkeitsfloskel*

COU *m* **(Curso de Orientación Universitaria)** *Abiturjahrgang (einjähriger Vorbereitungskurs auf das Universitätsstudium)*

coyote *mf Schlepper(in)*

crecimiento *m Wachstum*
crecimiento demográfico - *demografisches Wachstum*

credo *m Glaube; Glaubensbekenntnis*

criminalidad *f Kriminalität*

criollo, -a *m, f Kreole, -in*

cualificación *f Klassifikation; Qualifikation*

cura *m Pfarrer; Priester*

curricular *Lehrplan-, Studienplan-; den Lehrplan / Studienplan betreffend*
cambios *mpl* curriculares - *Änderungen im Studien- / Lehrplan*

currículo *m Lehrplan; Studienplan*

currículum *m* **vítae** *Lebenslauf*

curso *m Kurs; Lehrgang*
curso de formación - *Fortbildungskurs*
curso escolar - *Schuljahr*
curso acelerado - *Schnellkurs*

D

demografía *f Demografie*

demográfico, -a *Bevölkerungs-; demografisch*
explosión *f* demográfica - *Bevölkerungsexplosion*

dependencia *f Abhängigkeit*

desaparecido, -a *m, f Vermisste(r)*

desaparición *f Verschwinden*

desarrollo *m Entwicklung; Wachstum*
desarrollo profesional - *berufliches Fortkommen*
desarrollo demográfico - *demografische Entwicklung*

desigualdad *f Ungleichheit; Ungerechtigkeit*

desventaja *f Nachteil*

dificultad *f Schwierigkeit*
estar en dificultades - *in Schwierigkeiten stecken*

dignidad *f Würde*
con dignidad - *würdevoll*

diócesis *f Diözese*

Diplomado *m Fachhochschulabschluss*

diplomado, -a *diplomiert*

disciplina *f Disziplin*

discriminación *f Diskriminierung; Unterscheidung*

diversión *f Vergnügen; Zeitvertreib*

divorcio *m (Ehe)scheidung; Diskrepanz*

DNI *m* **(Documento Nacional de Identidad Personal)** *Personalausweis*

doctorado *m Doktorwürde*

documento *m (Ausweis)papiere; Dokument*

dogma *m Dogma*

droga *f Droge*

drogadicción *f Drogenabhängigkeit*

drogadicto, -a *m, f Drogenabhängige(r)*

E

edad *f Alter*
mayor de edad - *volljährig*
menor de edad - *minderjährig*

educación *f Ausbildung; Erziehung*
educación básica - *Grundbildung*
educación preescolar - *Vorschulerziehung*

Educación *f* **Compensatoria** *durch öffentliche Schulen geleisteter Förderunterricht*

Educación *f* **Infantil** *Vorschule*

Educación *f* **Primaria** *Grundschule*

Educación *f* **Secundaria** *Sekundarschulwesen; Sekundarschulbereich*

Educación *f* **Secundaria Obligatoria (ESO)** *weiterführende Schule*

educar *ausbilden; erziehen*

emigración *f Auswanderung; Emigration*

emigrante *mf Auswanderer(in); Emigrant(in)*

emigrar *auswandern; emigrieren*

enseñanza *f Unterricht*
enseñanza primaria - *Grundschule*
enseñanza secundaria - *Sekundarstufe*
enseñanza universitaria - *Studium*

escolaridad *f Schulausbildung*
libro *m* de escolaridad – *Zeugnisheft*
la escolaridad es obligatoria – *es besteht Schulpflicht*

escolarización *f Einschulung*
escolarización obligatoria – *Schulpflicht*

escuela *f Schule*
escuela primaria – *Grundschule*
escuela secundaria – *weiterführende Schule*
escuela pública – *staatliche Schule*

esfuerzo *m Anstrengung*

especialización *f Spezialisierung*

esperanza *f Hoffnung*
no tener esperanzas – *keine Hoffnung haben*
abrigar esperanzas – *Hoffnungen hegen*

estereotipo *m Stereotyp*

estimación *f (Hoch)achtung*

estudiante *mf Student(in)*
estudiante de intercambio – *Austauschschüler(in); Austauschstudent(in)*

estudio *m Studium; Lernen*

éxito *m Erfolg*
con éxito – *erfolgreich*
sin éxito – *erfolglos*

experiencia *f Erfahrung*
experiencia profesional – *Berufserfahrung*
experiencia docente – *Lehrerfahrung*

extranjero[1], -a *ausländisch*

extranjero[2], -a *m, f Ausländer(in)*

F

familia *f Familie; Haushalt*
familia acogedora – *Gastfamilie; Pflegefamilie*
familia biológica – *Herkunftsfamilie*
familia reconstituida – *Patchworkfamilie*

fe *f Glaube*
fe en Dios – *Glaube an Gott*
fe cristiana – *christlicher Glaube*

fecundidad *f Fruchtbarkeit*

fidelidad *f Treue*
fidelidad constitucional – *Verfassungstreue*

formación *f Bildung; Ausbildung*
formación escolar – *Schulbildung*
formación profesional – *Berufsausbildung*
formación personal – *persönliche Weiterbildung*

Formación *f* **Profesional de Grado Medio** *mittlere Berufsausbildung*

Formación *f* **Profesional de Grado Superior** *höhere Berufsausbildung*

fracaso *m Scheitern; Misserfolg*

fraile *m Mönch*

frontera *f Grenze*
atravesar la frontera – *die Grenze überqueren*

fundación *f Stiftung*

G

generación *f Generation*

H

habitante *mf Einwohner(in); Bewohner(in)*

hermetismo *m Verschlossenheit*

hogar *m Haushalt; Zuhause*
hogar del pensionista – *Altenheim*
persona *f* sin hogar – *Obdachlose(r)*

humanidad *f Menschheit*
un crimen contra la humanidad – *ein Verbrechen gegen die Menschlichkeit*

I

identidad *f Identität*
carné *m* de identidad – *Personalausweis*
probar su identidad – *sich ausweisen*

ideología *f Ideologie*

iglesia *f Kirche*
casarse por la iglesia – *kirchlich heiraten*

igualdad *f Gleichheit*
igualdad de derechos – *Gleichberechtigung*

ilegal *gesetzwidrig; illegal*

ilusión *f Hoffnung; (falsche) Vorstellung*
hacerse ilusiones – *sich etwas vormachen*

inadaptación *f mangelndes Anpassungsvermögen*
inadaptación social – *mangelnde soziale Anpassungsfähigkeit*

indígena *mf Eingeborene(r); Ureinwohner(in)*

individualismo *m Individualismus*

indocumentado, -a *nicht dokumentiert; ohne (Ausweis)papiere*

infancia *f Kindheit*

información *f Informationsquelle*

Iniciación *f* **Profesional** *Berufseinstieg*

iniquidad *f Ungerechtigkeit; Gemeinheit*

inmigración *f Einwanderung*
inmigración laboral – *Einwanderung von Arbeitskräften*

inmigrante *mf Einwanderer(-wanderin)*

inmigrar *einwandern*

inseguridad *f Unsicherheit*

institución *f Institution; Einrichtung*
institución educativa – *Bildungseinrichtung*

instituto *m Gymnasium*

integración *f Integration*

J

joven *mf Jugendliche(r); junger Mann, junge Frau*
los jóvenes – *die jungen Leute*

juventud *f Jugend; Jugendlichkeit*

L

legal *gesetzlich; legal*

licenciatura *f Titel; Hochschulabschluss*

M

machismo *m Männlichkeitswahn; Machismo*

madurez *f Reife; Ausgereiftheit*
estar en la madurez – *in reiferem Alter sein*

maestro, -a *m, f Lehrer(in)*

magisterio *m Unterricht; Lehramt*
dedicarse al magisterio – *unterrichten*
estudiar magisterio – *auf Lehramt studieren*

maltrato *m Misshandlung; Beschädigung*

marginación *f Ausgrenzung; Diskriminierung*

máster *m Master*

materia *f Fach; Sachgebiet*
materia troncal – *Pflichtfach*

maternidad *f Mutterschaft*

matrícula *f Immatrikulation; Einschreibung*

matricularse *sich einschreiben*

matrimonio *m Ehe*
matrimonio canónico – *kirchliche Trauung*
matrimonio civil – *standesamtliche Trauung*
contraer matrimonio – *heiraten*

mentalidad *f Mentalität*

mestizo, -a *m, f Mestize, -in; Mischling*

método *m* **anticonceptivo** *Verhütungsmethode*

Ministerio *m* **de Educación** *Kultusministerium*

misa *f Gottesdienst*
misa de difuntos – *Totenmesse*
misa del gallo – *Christmette*
ir a misa – *zur Messe gehen*

miseria *f Elend*
caer en la miseria – *in Not und Elend geraten*
vivir en la miseria – *in Armut leben*

modernidad *f Modernität; Moderne*

motivación *f Motivation*

mulato, -a *m, f Mulatte, -in*

N

narcotráfico *m Drogenhandel*

natalidad *f Geburtenzahl; Geburtenrate*
de fuerte natalidad – *geburtenstark*
de baja natalidad – *geburtenschwach*

negro, -a *m, f Schwarze(r)*

niñez *f Kindheit*

nivel *m Niveau*
nivel de vida – *Lebensstandard*
nivel educativo – *Bildungsstand*

O

norma *f Regel; Norm*

obispo *m Bischof*
obispo auxiliar – *Weihbischof*

ocio *m Muße*
horas *fpl* de ocio – *Freizeit*

oportunidad *f Opportunität; Gelegenheit*
aprovechar la oportunidad – *die Gelegenheit nutzen*

P

papa *m Papst*

pareja *f Paar*

participación *f Teilnahme; Beteiligung*

pedagogía *f Pädagogik*

persona *f Person*
persona de contacto – *Ansprechpartner*

personalidad *f Persönlichkeit*

perspectiva *f Perspektive; Anblick*

píldora *f* **anticonceptiva** *(Antibaby)pille*

población *f Bevölkerung*

pobreza *f Armut; Kleinmütigkeit*

porro *m Joint*

postgrado *m Postgraduierten-*

práctica *f Praktikum*
práctica preprofesional – *Berufspraktikum*

prejuicio *m Vorurteil*

problema *m Problem*
problemas *pl* de adaptación – *Anpassungsschwierigkeiten*

procedencia *f Herkunft*

profesor(a) *m(f) Lehrer(in); Dozent(in)*

profesorado *m* **especializado** *Fachlehrer; Fachlehrkraft*

prostitución *f Prostitution*

protección *f* **social** *soziale Absicherung*

Prueba *f* **General de Bachillerato** *Abiturprüfung*

R

racismo *m Rassismus*

racista *mf Rassist(in)*

raza *f Rasse; Volk*

realidad *f Realität; Wahrheit*
ajeno a la realidad – *wirklichkeitsfremd*

reforma *f Verbesserung; Reform*
reforma educativa – *Schulreform*

refugiado, -a *m, f Flüchtling*

religión *f Religion*
religión del Estado – *Staatsreligion*
religión reformada – *Protestantismus*
sin religión – *konfessionslos*

residencia *f Wohnsitz; Aufenthalt*
cambiar de residencia – *den Wohnort wechseln*

responsabilidad *f Verantwortung*
responsabilidad propia – *Eigenverantwortung*
exigir responsabilidad – *zur Verantwortung ziehen*

riqueza *f Reichtum*

rural *ländlich*
vida *f* rural – *Landleben*

S

sanidad *f Gesundheit*
sanidad privada – *private Gesundheitsvorsorge*
sanidad pública – *öffentliches Gesundheitswesen*

satisfecho, -a *zufrieden*
satisfecho de sí mismo – *selbstzufrieden*

seguridad *f Sicherheit*
Seguridad Social – *Sozialversicherungssystem*

separación *f Trennung*

sida *m Aids*

sistema *m* **educativo** *Erziehungssystem*

situación *f Situation*

sociedad *f Gesellschaft*
sociedad del bienestar – *Wohlstandsgesellschaft*

solidaridad *f Solidarität*

supervivencia *f Überleben*

T

tasa *f* **de nacimiento** *Geburtenrate*

título *m Diplom*

Título *m* **de Bachiller** *Abitur; Reifezeugnis*

Título *m* **de Graduado de ESO** *mittlerer Bildungsabschluss*

Título *m* **de técnico** *Berufsfachschulabschluss*

Título *m* **de Técnico Superior** *Fachhochschulabschluss*

U

unidad *f* **familiar** *Haushalt*

universidad *f Universität*
Universidad Popular – *Volkshochschule*
ir a la universidad – *auf die / zur Universität gehen*

urbanidad *f Höflichkeit*

V

vejez *f Alter; Altern*

ventaja *f Vorteil*

vicio *m Laster*

vida *f Leben*
vida cotidiana – *alltägliches Leben*
vida íntima – *Privatleben*

vivienda *f Wohnung; Wohnsitz*
sin vivienda – *obdachlos*

vocación *f Berufung*
por vocación – *aus Berufung*
sentir vocación – *sich berufen fühlen*
tener vocación – *berufen sein*

A

acullicar (AM) *die Blätter des Kokastrauchs kauen*

aguacate *m Avocado*

alioli *m Soße aus Knoblauch und Öl*

ancestral *Ahnen-; überliefert*

año *m* **nuevo** *Neujahr*
¡Feliz Año Nuevo! – *Ein glückliches neues Jahr!*
¡Próspero Año Nuevo! – *Ein glückliches neues Jahr!*

Asunción *f Mariä Himmelfahrt*

autóctono, -a *einheimisch*

B

bautizar *taufen*

bautizo *m Taufe*

belén *m (Weihnachts)krippe*

boda *f Hochzeit; Hochzeitsfest*
noche *f* de bodas – *Hochzeitsnacht*

brindar *anstoßen*
brindar por alguien – *auf jdn anstoßen*

C

cabalgata *f Reiterumzug*

calendario *m Kalender*
calendario gregoriano – *Gregorianischer Kalender*

Camino *m* **de Santiago** *Jakobsweg*

caña *f kleines gezapftes Bier*

carácter *m Charakter Wesen*

carnaval *m Karneval; Fasching*

católico, -a *m, f Katholik(in)*

cebiche *m peruanisches Gericht aus rohem Fisch*

celebración *f Feier*

celebrar *feiern*
celebrar una misa – *einen Gottesdienstes halten*

cementerio *m Friedhof*

ceremonia *f Zeremonie; Feierlichkeit*

chamán *m Schamane*

choclo *m* (AM) *Mais*

chorizo *m Chorizo (spanische Paprikawurst)*

churro *m frittiertes Spritzgebäck*

ciudad *f Stadt*
ciudad de origen – *Heimatstadt*

coca *f Koka(pflanze)*

cofradía *f Laienbruderschaft*

Corpus *m* **Christi** *Fronleichnam*

corrida *f* **de toros** *Stierkampf; Corrida*

costalero, -a *m, f Träger(in) eines Heiligenbildes bei der Prozession der Karwoche*

costumbre *f Brauch; Sitte*
costumbres populares – *Volksbräuche*

creencia *f Glaube*

cripta *f Krypta*

Cristo *m Christus*

culto *m Kult(us)*
culto divino – *Gottesdienst*

cultura *f Kultur*

cumpleaños *m Geburtstag*
¡Feliz cumpleaños! – *Alles Gute zum Geburtstag!*

curación *f Heilung*

curandero, -a *m, f Heiler(in); Medizinmann, -frau*

D

desfile *m Umzug; Kolonne*

Día *m* **de la Constitución** *Tag der Verfassung*

Día *m* **de la madre** *Muttertag*

Día *m* **de los muertos** *Allerseelen; Tag der Toten*

Día *m* **de los Santos Inocentes** *Fest der unschuldigen Kinder*

Día *m* **de Reyes** *Tag der Heiligen Drei Könige*

Día *m* **de San José** *Sankt-Josefs-Tag*

Día *m* **del padre** *Vatertag*

Día *m* **del trabajo** *Tag der Arbeit*

día *m* **festivo** *Feiertag*

diablada *f Teufelstanz*

dios(a) *m(f) Gott, Göttin*
Dios Hombre – *Jesus Christus*
Dios mediante – *mit Gottes Hilfe*
¡Dios mío! – *Oh, mein Gott!*

disfraz *m Verkleidung*

divinidad *f Göttlichkeit; Gottheit*

Domingo *m* **de Gloria** *Ostersonntag*

duelo *m Trauer*

E

efeméride *f Jahrestag*

empanada *f gefüllte Teigtasche*

equilibrio *m Ausgewogenheit*

ermita *f Kapelle; Wallfahrtskirche*

espíritu *m Geist*
el Espíritu Santo – *der Heilige Geist*
evocar los espíritus – *die Geister beschwören*

espiritual *geistig*
vida espiritual – *Seelenleben*

F

Fallas *fpl* **de Valencia** *Volksfest von Valencia*

fantasma *m Gespenst*

fe *f Glaube*
fe en Dios – *Glaube an Gott*
dar confesión de fe – *das Glaubensbekenntnis sprechen*

felicidad *f Glück*
¡Felicidades! – *(Herzlichen) Glückwunsch!*
te deseamos muchas felicidades – *wir wünschen dir alles Gute*

feria *f Fest; Jahrmarkt*

festejo *m Fest; Feier*

fiesta *f Fest; Feiertag*
fiesta sorpresa – *Überraschungsparty*
fiesta familiar – *Familienfeier*
¡Felices Fiestas! – *Frohe Weihnachten!*

Fiesta *f* **nacional** *Nationalfeiertag*

flan *m Karamellpudding*

fuegos *mpl* **artificiales** *Feuerwerk*

G

gastronomía *f Gastronomie*

gastronómico, -a *gastronomisch*

gaucho *m südamerikanischer Viehhirt*

gazpacho *m Gazpacho (kalte Tomatensuppe)*

gozar *sich erfreuen; genießen*

gozo *m Freude*

I

icono *m Ikone*

idiosincrasia *f Idio(syn)krasie*

imagen *f Heiligenfigur*

imaginación *f Vorstellung(skraft); Fantasie*

Inmaculada Concepción *f unbefleckte Empfängnis*

irreal *irreal*

J

jamón *m* **serrano** *Serranoschinken (luftgetrockneter Schinken)*

Jesucristo *m Jesus Christus*

Jueves *m* **Santo** *Gründonnerstag*

L

leyenda *f Legende*

lotería *f Lotterie*
¡le ha tocado la lotería! – *Sie haben im Lotto gewonnen!*

M

magia *f Magie; Zauberei*

mágico, -a *magisch*

maíz *m Mais*

maravilla *f Wunder*
hacer maravillas – *wahre Wunder vollbringen*

maravilloso, -a *wunderbar*

máscara *f Maske*
traje de máscara – *Verkleidung*

mate *m Mate(tee)*

medicina *f* **naturista** *Naturheilkunde*

milagro *m Wunder*
hacer milagros – *Wunder vollbringen*

milagroso, -a *wundertätig; wundersam*

misa *f Gottesdienst*
ir a misa – *in die Kirche gehen*
misa del gallo – *Christmette*
misa de difuntos – *Totenmesse*

misterio *m Geheimnis*

misticismo *m Mystizismus*

místico, -a *m, f Mystiker(in)*

mito *m Mythos; Sage*

mitología *f Mythologie*

mitológico, -a *mythologisch*

mojo *m Soße (aus Öl, Essig, Knoblauch, Salz und anderen Gewürzen, typisch für die kanarische Küche)*

N

Navidad *f Weihnachten*
¡Feliz Navidad! – *Fröhliche Weihnachten!*

nazareno, -a *m, f Büßer(in)*

Niño *m* **Jesús** *Jesuskind*

noche *f* **de San Juan** *Johannisnacht*

Nochebuena *f Heiligabend*

Nochevieja *f Silvester*

O

ofrenda *f Gabe*

once *f* (CHILE) *Imbiss*

oración *f Gebet*
rezar una oración – *ein Gebet sprechen*

oráculo *m Orakel*

originario, -a *stammend*

ornamentación *f Verzierung*

P

Pachamama *f* (ANDEN) *Mutter Erde (indianische Göttin)*

paella *f Paella (spanisches Reisgericht)*

pagano, -a *heidnisch*

papa (AM) *Kartoffel*

papas *fpl* **arrugadas** *runzelige Kartoffeln (typisches kanarisches Kartoffelgericht)*

pasacalle *m Umzug; Marsch*

Pascua *f Ostern*
Domingo de Pascua – *Ostersonntag*
Pascua de Resurección – *Ostern*
Pascua de Flores / Florida – *Ostersonntag*

Pasión *f* **de Jesucristo** *Passion Christi*

paso *m Heiligenfigur*

patata *f Kartoffel*
patatas *pl* bravas – *wilde Kartoffeln (frittierte Kartoffeln mit Knoblauchmayonnaise)*

patrimonio *m Erbe*
patrimonio cultural de la humanidad – *Kulturerbe*

patrón, -ona *m, f Schutzheilige(r)*

Pentecostés *m Pfingsten*
Pascua de Pentecostés – *Pfingstsonntag*

peregrinación *f Pilgerei; Wallfahrt*
ir en peregrinación – *pilgern*

peregrino, -a *m, f Pilger(in)*

piñata *f geschmücktes Tongefäß mit Süßigkeiten für Kinder, das zerschlagen wird*

pincho *m Snack; Häppchen*
pincho de tortilla – *Tortillahäppchen*

porvenir *m Zukunft*
en el porvenir lejano – *in ferner Zukunft*
con un gran porvenir – *zukunftsträchtig*

predicción *f Vorhersage*

pregonar *öffentlich ausrufen*

prejuicio *m Vorurteil*

primera comunión *f Erstkommunion*

procesión *f Prozession*
procesión religiosa – *religiöser Umzug*

profecía *f Prophezeiung*

pueblo *m Dorf*

Q

quesadilla *f* (MEX) *mit Käse gefüllter Maisfladen*

queso *m* **manchego** *Käse aus der Mancha*

R

real *real; wirklich*

realidad *f Realität*

religión *f Religion*
sin religión – *konfessionslos*

respeto *m Respekt*

Reyes *mpl* **Magos** *Heilige Drei Könige*

rito *m Ritual*

ritual *m Ritual*

romería *f Wallfahrt*

rosca *f ringförmiges süßes Gebäck*

roscón *m* **de reyes** *Dreikönigskuchen (Hefekuchen zum Dreikönigstag)*

S

saeta *f Lied bei Prozessionen während der Karwoche*

salteña *f gefüllte Teigtasche*

Sanfermines *mpl* **de Pamplona** *San-Fermin-Fest (Volksfest in Pamplona am 7. Juli)*

sangría *f Sangria (kalte Rotweinbowle)*

santero, -a *m, f Verkäufer(in) (von Heiligenbildern)*

Santísima Trinidad *f Heilige Dreifaltigkeit*

santo, -a *m, f Heilige(r)*

Santo Sacrificio *m heilige Messe*

santuario *m Tempel; Kapelle*

Semana *f* **Santa** *Karwoche; Ostern*

sensación *f Gefühl; Empfindung*

siesta *f Mittagsschlaf; Mittagsruhe*
echar / dormir la siesta – *einen Mittagsschlaf halten*

sobrenatural *übernatürlich*
ciencias *fpl* sobrenaturales – *Okkultismus*

superstición *f Aberglaube*

T

taco *m* (MEX) *gefüllter Maisfladen*

tapa *f Häppchen (werden in spanischen Bars zu Bier und Wein gereicht); Snack*

tapear *durch Tapas-Bars ziehen*

tauromaquia *f Stierkampfkunst*

típico, -a *typisch*

Todos los Santos *mpl Allerheiligen*

torero, -a *m, f Stierkämpfer(in)*
valor torero – *Mut eines Stierkämpfers*

toro *m Stier*
coger el toro por los cuernos – *den Stier bei den Hörnern packen*

torrija *f arme Ritter*

tortilla *f* (MEX) *Maisfladen*

tortilla *f* **española** *Tortilla (Omelett mit Kartoffeln und Zwiebeln)*

tradición *f Tradition*

turrón *m harte oder weiche Nuss-, Mandel- oder Nugathonigtafeln als Weihnachtsspezialität*

V

Viernes *m* **Santo** *Karfreitag*

villancico *m Weihnachtslied*

Virgen *f Jungfrau*

Thematische Wortschätze

A

abreviatura *f Abkürzung*
adivinanza *f Rätsel*
aliteración *f Alliteration*
ambiguo, -a *doppelgeschlechtig; zweideutig*
anotación *f Notiz*
antihéroe *m Antiheld*
antítesis *f Antithese*
antología *f Gedichtsammlung*
argumento *m Handlung*
asunto *m Thema; Handlung*
autobiografía *f Autobiografie*
aymará *m Aymara (indianische Sprache)*

B

bilingüe *zweisprachig bilingual*
comunidad *f* bilingüe – *zweisprachige Region*
bilingüismo *m Zweisprachigkeit*
biografía *f Biografie*

C

capítulo *m Kapitel*
castellanización *f Hispanisierung*
castellanizar *hispanisieren*
castellano *m Spanisch(e); Kastilisch(e)*
la lengua castellana – *die spanische Sprache*
catalán *m Katalanisch(e)*
catalanismo *m Katalanismus*
clímax *m Klimax; Höhepunkt*
comedia *f Komödie*
comparación *f Steigerung*
composición *f Komposition; Werk*
comprensión *f Verständnis*
comprensión auditiva – *Hörverständnis*
comprensión lectora – *Leseverständnis*
concepción *f Konzeption; Auffassung*
conocimiento *m Kenntnis*
contar *erzählen*
creación *f* **literaria** *literarische Schöpfung*
crónica *f Chronik*
cronista *mf Chronist(in)*
crucigrama *f Kreuzworträtsel*
cuarteto *m Quartett*
cuentista *mf (Geschichten)erzähler(in); Verfasser(in) von Kurzgeschichten*
cuento *m (Kurz)geschichte; Erzählung*
cuento de hadas – *Märchen*
cuento popular – *Volksmärchen*
libro *m* de cuentos – *Märchenbuch*

D

desenlace *m Ende; Ausgang*
dialecto *m Dialekt*
diario *m Tagebuch*
diccionario *m Lexikon; Wörterbuch*
diccionario enciclopédico – *Enzyklopädie*
diccionario de alemán-español – *deutsch-spanisches Wörterbuch*
divinizar *vergöttlichen; heiligen*
drama *m Drama*
dramaturgo, -a *m, f Dramatiker(in)*

E

edición *f Ausgabe*
edición de bolsillo – *Taschenausgabe*
enciclopedia *f Enzyklopädie; Lexikon*
endecasílabo *m Elfsilber*
ensayista *mf Essayist(in)*
ensayo *m Essay*
entonación *f Intonation*
enumeración *f Aufzählung*
epílogo *m Nachwort*
escatológico, -a *vulgär; Fäkal-*
lenguaje *m* escatológico – *Fäkalsprache*
escritor(a) *m(f) Schriftsteller(in); Verfasser(in)*
español *m Spanisch*
dar clases de español – *Spanischunterricht geben*
tomar clases de español – *Spanischunterricht nehmen*
espiritual *geistig*
estereotipo *m Stereotyp*
estético, -a *ästhetisch*
estrofa *f Strophe*
euskera *m baskisch*

expresión *f Ausdruck*
expresión idiomática – *Redewendung*
expresión corporal – *freier Tanz*
expresión facial – *Gesichtsausdruck*

F

fábula *f Fabel*
fantasía *f Fantasie*
fantástico, -a *fantastisch*
fenómeno *m Phänomen*
feria *f Messe*
feria del libro – *Buchmesse*
ficción *f Fiktion*
ficción novelesca – *Roman*
ficticio, -a *(frei) erfunden*
figura *f Figur; Gestalt*
figura retórica – *Stilfigur*
fin *m Ziel; Absicht*
fonética *f Phonetik*

G

gallego *m Galicisch(e)*
género *m Genus; Gattung*
género épico – *Epik*
género lírico – *Lyrik*
glosa *f Glosse*
gramática *f Grammatik*
guaraní *m Guaraní (indianische Sprache in Paraguay)*

H

héroe *m Held*
heroína *f Heldin*
hipérbole *f Hyperbel*
hispanohablante *Spanisch sprechend; spanischer Muttersprachler, spanische Muttersprachlerin*
los países hispanohablantes – *die spanischsprachigen Länder*

I

idioma *m Sprache*
idioma escrito – *Schriftsprache*
idioma culto – *gehobene Sprache*
impacto *m Wirkung; Eindruck*
inspiración *f Eingebung; Inspiration*
interpretación *f Auslegung*
intriga *f Verwicklung; Handlung*

J

jerga *f Jargon*
jerga juvenil – *Jugendjargon*

L

lector(a) *m(f) Leser(in)*
lectura *f Lesen; Lektüre*
lectura en voz alta – *Vorlesen*
lengua *f Sprache*
lengua oficial – *Amtssprache*
lengua materna – *Muttersprache*
lengua indígena – *indigene Sprache*
lenguaje *m Sprache*
lenguaje literario – *literarische Sprache*
leyenda *f Legende*
libro *m Buch*
libro de bolsillo – *Taschenbuch*
lingüista *mf Linguist(in); Sprachwissenschaftler(in)*
lingüística *f Linguistik; Sprachwissenschaft*
lírico, -a *lyrisch*
literario, -a *literarisch*
lenguaje literario – *Schriftsprache*
literatura *f Literatur*
literatura barata – *Schundliteratur*
literatura de entretenimiento – *Unterhaltungsliteratur*

M

meditación *f Nachdenken*
metáfora *f Metapher*
métrica *f Metrik*
mítico, -a *mythisch*
mito *m Mythos; Sage*
monolingüe *einsprachig*
monólogo *m Monolog*
moraleja *f Moral*
moralizante *moralisierend*
multilingüe *mehrsprachig*

N

náhuatl *m indianische Sprache in Mexiko*
narración *f Erzählung*
narrador(a) *m(f) Erzähler(in)*
narrar *erzählen*
narrativa *f Prosa; Erzählkunst*
narrativo, -a *erzählend; narrativ*

novela *f Roman*
novela picaresca – *Schelmenroman*
novela de caballería – *Ritterroman*
novela pastoril – *Schäferroman*

novelista *mf Romanautor(in)*

nudo *m Verwicklung*

O

obra *f Werk*
obra completa – *Gesamtausgabe*
obra maestra – *Meisterwerk*
obra de consulta – *Nachschlagewerk*

octosílabo *m Achtsilber*

onomatopeya *f Onomatopoese; Lautmalerei*

ortografía *f Rechtschreibung*
falta *f* de ortografía – *Rechtschreibfehler*

P

palabra *f Wort*
palabras *pl* cruzadas – *Kreuzworträtsel*
palabra extranjera – *Fremdwort*
palabras insultantes – *Schmähworte*

paradoja *f Paradoxie; Widerspruch*
esto es una paradoja – *das ist doch widersinnig*

párrafo *m Abschnitt; Absatz*

pensador(a) *m(f) Denker(in)*

pensamiento *m Gedanke; Denken*

personaje *m Figur*

personificación *f Personifizierung*

perspectiva *f Perspektive*
perspectiva narrativa – *Erzählperspektive*

pícaro *m Schelm; Gauner*

plurilingüe *polyglott; mehrsprachig*

poema *m Gedicht*
poema épico – *Epos*
poema en prosa – *lyrische Prosa*

poesía *f Poesie; Gedicht*
poesía pura – *reine Poesie*
libro *m* de poesías – *Gedichtband*

poeta *m Dichter*

poético, -a *dichterisch; poetisch*
arte *m* poética – *Poetik*
licencia *f* poética – *dichterische Freiheit*

poetisa *f Dichterin*

polisíndeton *m Polysyndeton*

Premio *m* **Nobel** *Nobelpreis*
Premio Nobel de Literatura – *Literaturnobelpreis*

prólogo *m Vorwort; Prolog*

pronunciación *f Aussprache*

prosa *f Prosa*
texto *m* en prosa – *Prosatext*

prosaico, -a *prosaisch*

proverbio *m Sprichwort; Spruch*

Q

quechua *m Quechua (indianische Sprache in Peru)*

R

realismo *m* **mágico** *Magischer Realismus*

recitar *vortragen; rezitieren*

reflexión *f Nachdenken*

refrán *m Sprichwort*

relato *m Erzählung*
relato corto – *Kurzgeschichte*

retórica *f Rhetorik*
pregunta *f* retórica – *rhetorische Frage*

retórico, -a *m, f Rhetoriker(in)*

rima *f Reim*
rima abrazada – *umschließender Reim*
rima gemela – *Paarreim*
rima cruzada – *Kreuzreim*

romance *m Romanze*
romance de ciego – *Bänkelsängerlied*

romancero *m Romanzensammlung*

romanticismo *m Romantik*

S

sentimiento *m Gefühl*
sin sentimientos – *gefühllos*

significado *m Bedeutung*

signo *m Zeichen; Schriftzeichen*
signo de puntuación – *Satzzeichen*

simposio *m Symposium*

sinestesia *f Synästhesie*

sintaxis *f Syntax*

soneto *m Sonett*

spanglish *m Spanglisch (eine von der spanischsprachigen Bevölkerung der USA gesprochene Mischform der englischen und spanischen Sprache)*

subjetividad *f Subjektivität*

subjetivo, -a *subjektiv*

T

tema *m Thema*

terceto *m Terzett*

tesis *f These; Dissertation*

testimonio *m Aussage; Bezeugung*

texto *m Text*
texto literario – *literarischer Text*
libro *m* de texto – *Schulbuch*

titular *betiteln*
el libro se titula... – *das Buch trägt den Titel ...*

trabalenguas *m Zungenbrecher*

V

vasco *m Baskisch(e)*

versificación *f Versdichtung*

verso *m Vers*
verso libre – *freies Vermaß*
en versos – *in Versform*

vocabulario *m Wortschatz; Glossar*
vocabulario especializado – *Fachwortschatz*
tener un buen vocabulario – *einen breiten Wortschatz haben*

volumen *m Band*

Y

yo lírico *m lyrisches Ich*

A

abonado, -a *m, f Abonnent(in)*

acceder a *Zugang haben*

acceso *m Zugang*
libre acceso – *freier Zutritt*
de fácil acceso – *leicht zugänglich*

actor *m Schauspieler*
actor principal – *Hauptdarsteller*
actor secundario – *Nebendarsteller*

actriz *f Schauspielerin*

actuar *auftreten*
actuar en directo – *live auftreten*

adornar *schmücken*

agencia *f Agentur*
agencia de prensa – *Presseagentur*
agencia de noticias – *Nachrichtenagentur*
agencia de publicidad – *Werbeagentur*

almacenar *speichern*
almacenar en disco duro – *auf der Festplatte abspeichern*

animador(a) *m(f) Moderator(in)*

antena *f Antenne*
antena colectiva – *Gemeinschaftsantenne*
antena interior – *Zimmerantenne*
estar en antena – *auf Sendung sein*

anuncio *m (Werbe)spot; Anzeige*
anuncio por palabras – *Kleinanzeige*
anuncio en Internet – *Werbebanner*

aparato *m Gerät; Apparat*
ponerse al aparato – *ans Telefon gehen*

archivo *m Datei; Ordner*
archivo de comando – *Befehlsdatei*

argumento *m Handlung; Argument*

arquitectura *f Architektur*

arroba *f Klammeraffe; at*

arte *m Kunst*
las bellas artes – *die schönen Künste*
las artes plásticas – *die bildenden Künste*
el séptimo arte – *die Filmkunst*

artesanía *f Handwerkskunst*

artesano, -a *m, f Handwerker(in)*

artículo *m (Zeitungs)artikel*

artífice *mf Urheber(in); Künstler(in)*

artista *mf Künstler(in); Schauspieler(in)*
es un artista en su especialidad – *er ist ein Meister seines Fachs*

asistente *mf* **de realización** *Regieassistent(in)*

audiencia *f Zuhörerschaft*
nivel *m* de audiencia – *Einschaltquote*

auditorio *m Zuhörerschaft; Konzertsaal*

autoretrato *m Selbstportrait; Selbstbildnis*

avance *m Vorschau*
avance informativo – *Nachrichtenüberblick*

azulejería *f Fliesenherstellung*

B

bachata *f Volkstanz aus der Dominikanischen Republik*

bailaor(a) *m(f) Flamencotänzer(in)*

bailar *tanzen*

baile *m Tanz*

bajar *herunterladen*

banco *m* **de datos** *Datenbank*

bandoneón *m Bandoneon*

bodegón *m Stillleben*

bohemia *f Bohemien*

bombo *m große Trommel; Kesselpauke*

botón *m (Druck)knopf*
botón de opciones – *Optionsschalter*

buscador *m Suchmaschine*

busto *m Büste*

buzón *m* **de voz** *Voicemail; Mobilbox*

C

cadena *f Programm; Sender*
cadena televisiva / cadena de televisión – *Fernsehsender*
cadena privada – *privater Sender*
cadena de sonido – *Stereoanlage*

cámara *f Kamera*
cámara fotográfica – *Fotoapparat*
cámara de vídeo – *Videokamera*
a cámara lenta – *in Zeitlupe*

camarógrafo, -a *m, f Kameramann, -frau*

canal *m Sender; Kanal*
canal temático – *Spartensender*
canal de televisión – *Fernsehsender*

canción *f Lied*
canción de moda – *Schlager*
canción popular – *Volkslied*

cantante *mf Sänger(in)*

cantaor(a) *m(f) Flamencosänger(in)*

cantautor(a) *m(f) Liedermacher(in)*

canto *m Gesang; Singen*

caricatura *f Karikatur*

caricaturista *mf Karikaturist(in)*

cartel *m Plakat; Schild*

cartelera *f Veranstaltungsprogramm; Kinoplakatwand*
estar en cartelera – *aufgeführt werden*

castañuela *f Kastagnette*

celular *m* (AM) *Handy*

censura *f Zensur*
censura cinematográfica – *Filmzensur*

cerámica *f Keramik*

charango *m fünfsaitige Mandoline der Indianer*

chatear *chatten*

ciberespacio *m Cyberspace*

cincel *m Meißel*

cine *m Kino; Film*
cine de barrio – *Vorstadtkino*
cine mudo – *Stummfilm*
cine sonoro – *Tonfilm*

cineasta *mf Filmemacher(in); Cineast(in)*

clave *f Schlüssel; Code*
clave de acceso – *Passwort*
en clave – *codiert*

clic *m Klick*
hacer clic – *klicken*

cobertura *f Decke; Bedeckung*
hay cobertura – *(Handy)empfang haben*

columna *f Kolumne; (Druck)spalte*

comedia *f Komödie*

cómic *m Comic*

compositor(a) *m(f) Komponist(in)*

computadora *f* (AM) *Computer*

comunicación *f Kommunikation; Anschluss*
comunicación telefónica – *Telefongespräch*

concierto *m Konzert*

conectar *verbinden; anschließen*

conexión *f Verbindung; Anschluss*
conexión telefónica – *Telefonverbindung*
conexión a Internet – *Internetverbindung*

consola *f Konsole; Schalttafel*

contestador *m* **automático** *Anrufbeantworter*

copia *f Kopie; Abbild*
copia de seguridad – *Sicherheitskopie*

correo *m* **electrónico** *E-Mail*

corrido *m* (MEX, AM) *balladenartiges Volkslied*

corriente *f Strömung; künstlerische Strömung*

cortar *ausschneiden*

corte *m Schnitt*
corte publicitario – *Werbeunterbrechung*

cortometraje *m Kurzfilm*

crítica *f Kritik*

crítico, -a *m, f Kritiker(in)*

cronista *mf Berichterstatter(in)*

cuadro *m Gemälde*

cubista *mf Kubist(in)*

cueca *f chilenischer Volkstanz*

culebrón *m Seifenoper; Fernsehserie*

cumbia *f kolumbianischer Volkstanz*

cuota *f* **de audiencia** *Zuschauerquote*

cuota *f* **de pantalla** (AM) *Zuschauerquote*

D

damasquinado *m Tauschierung (Technik der Metallbearbeitung)*

danza *f Tanz*
danza folclórica – *Folkloretanz*
en danza – *in Aktion*

descargar *herunterladen*

diario *m Tageszeitung*
diario de avisos – *Anzeigenblatt*
diario local – *Lokalblatt, Lokalzeitung*
diario especializado – *Fachzeitung*

dibujo *m Zeichnung*
dibujos animados *pl* – *Zeichentrickfilm*

difusión *f Verbreitung; Sendung*
difusión de productos – *Erzeugnisvertrieb*

dirección[1] *f Adresse*
dirección de Internet – *Internetadresse*
dirección electrónica / de correo electrónico – *E-Mail-Adresse*

dirección[2] *f Leitung*
dirección artística – *Regie*

director(a) *m(f) Regisseur(in)*

dirigir *Regie führen*

disco *m Schallplatte; Platte*

disco *m* **duro** *Festplatte*

diseñar *zeichnen; entwerfen*

dispositivo *m Vorrichtung*
dispositivo de entrada de datos – *Dateneingabegerät*
dispositivo de televisión – *Videoüberwachungssystem*
dispositivo de visualización – *Datensichtgerät*

doblaje *m Synchronisation*

doblar *synchronisieren*

drama *m Drama*

dramaturgo, -a *m, f Dramatiker(in)*

DVD *m* **(videodisco digital)** *DVD*

e-mail *m E-Mail*

E

emisión *f Übertragung; Sendung*

emisora *f Sender*
emisora de radio – *Rundfunksender*
emisora de televisión – *Fernsehsender*
emisora clandestina – *Schwarzsender, Piratensender*

emitir *senden; übertragen*

emoticón *m Emoticon*

encender *einschalten*

enlace *m Link; Verbindung*

entrevista *f Interview*

escáner *m Scanner*
escáner a color – *Farbscanner*

escena[1] *f Bühne*
aparecer en escena – *auftreten*
poner en escena – *inszenieren*
salir de la escena – *abtreten*

escena[2] *f Szene*
escena final – *Schlussszene*
cambio *m* de escena – *Szenenwechsel*

escenario *m Schauplatz; Szenerie*

escenificación *f Inszenierung*

escenografía *f Bühnenbild; Ausstattung*

esculpir *(bildhauerisch) gestalten*

escultor(a) *m(f) Bildhauer(in)*

escultórico, -a *bildhauerisch*

escultura *f Bildhauerei; Skulptur*

espacio *m Sendung*
espacio web – *Website*
espacio informativo – *Nachrichtensendung*

espectáculo *m Aufführung; Schauspiel*
espectáculo de circo – *Zirkusvorstellung*

espectador(a) *m(f) Zuschauer(in)*

estilo *m Stil*

estrella *mf (Film)star*
una nueva estrella del teatro – *ein neuer Stern am Theaterhimmel*

estreno *m Uraufführung; Debüt*

explorador *m Browser*

exposición *f Ausstellung*
exposición permanente – *ständige Ausstellung*
exposición temporal – *temporäre Ausstellung*
exposición universal – *Weltausstellung*

expresionista *mf Expressionist(in)*

F

festival *m Festival*
festival de cine – *Filmfestspiele*

figura *f Figur; Gestalt*

filmografía *f Filmografie*

flamenco *m Flamenco (andalusischer Tanz)*

foro *m Forum*

fotógrafo, -a *m, f Fotograf(in)*

fotograma *m Standbild; Fotogramm*

G

grabadora *f* **CD / DVD** *CD / DVD-Brenner*

grabar *filmen; speichern*

guardar *abspeichern; aufbewahren*

guión *m Drehbuch; Skript*

guionista *mf Drehbuchautor(in); Skriptautor(in)*

H

híbrido, -a *hybrid*
computador *m* híbrido – *Hybridrechner*

hierro *m Eisen*

historieta *f Bildergeschichte; Comic*

I

icono *m Icon*

imagen *f Bild*
imagen de televisión – *Fernsehbild*

impresionismo *m Impressionismus*

impresionista *mf Impressionist(in)*

impresora *f Drucker*
impresora matricial – *Nadeldrucker*
impresora de inyección de tinta – *(Farb)-tintenstrahldrucker*
impresora láser – *Laserdrucker*

imprimir *drucken*

industria *f* **cinematográfica** *Kinoindustrie*

información *f Information*

informática *f Informatik; elektronische Datenverarbeitung*

inmortalizar *unsterblich machen*
inmortalizarse – *sich verewigen*

insertar *einfügen*

instrumento *m (Musik)instrument*
instrumento de percusión – *Schlaginstrument*

interlocutor(a) *m(f) Gesprächpartner(in)*

internauta *mf Internetsurfer(in)*

Internet *m Internet*
charla *f* en Internet – *Internetchat*

interpretar *darstellen; interpretieren*
interpretar un papel – *eine Rolle spielen*

intérprete *mf Darsteller(in); Schauspieler(in)*

intranet *f Intranet*

J

joropo *m venezolanischer Volkstanz*

juego *m Spiel*

juglar *m fahrender Sänger; Spielmann*

juglaresa *f fahrende Sängerin*

L

largometraje *m Spielfilm*

láser *m Laser*

libertad *f Freiheit*
libertad de prensa – *Pressefreiheit*

lienzo *m Leinwand; (Öl)gemälde*

locutor(a) *m(f) Sprecher(in)*

logotipo *m Logo; Emblem*

M

madera *f Holz*

marinera *f Marinera (peruanischer Volkstanz)*

mármol *m Marmor*

medio *m Medium*
medios de comunicación – *Massenmedien*

melodía *f Melodie*

mensaje *m Botschaft*
mensaje de error – *Fehlermeldung*
mensaje de radio – *Funkspruch*
mensaje de socorro – *Notruf*

merengue *m Merengue (Tanz aus der Dominikanischen Republik)*

micrófono *m Mikrofon*

microprocesador *m Mikroprozessor*

milonga *f Milonga (Name eines Volkstanzes und Gesanges in Lateinamerika)*

monitor *m Monitor*

montaje *m Montage; Inszenierung*

montar *zusammensetzen; schneiden*

móvil *m Handy*

multimedia *multimedial*
programa *m* multimedia de computadora – *Multimedia-Computerprogramm*

mural *m Wandbild; Wandgemälde*

museo *m Museum*

música *f Musik*
música popular – *Volksmusik*

N

navegar *surfen*
navegar en / por Internet – *im Internet surfen*

noticia *f Nachricht*
noticia de prensa – *Zeitungsnachricht*

O

obra *f Werk*
obra de teatro – *Theaterstück*

ofimática *f Bürotechnik*

óleo *m Ölmalerei*

onda *f Welle*

operador(a) *m(f) Filmvorführer(in); Operator(in)*
operador de cámara – *Kameramann*

ordenador *m Computer*
ordenador portátil – *Laptop*
ordenador personal – *PC*
ordenador de escritorio – *Desktop*

ornamento *m Verzierung*

oro *m Gold*

oyente *mf Hörer(in)*
libre oyente – *Gasthörer(in)*

P

página *f Seite*
página principal – *Homepage, Startseite*
página web – *Webseite*

palabra *f* **clave** *Passwort*

pandereta *f Tamburin; Schellentrommel*

panfleto *m Pamphlet*

pantalla *f Kinoleinwand; Bildschirm*
pantalla de cristal líquido – *Flachbildschirm*
estrella *f* de la pantalla – *Filmstar*
pequeña pantalla – *Fernsehen*

papel *m Rolle*
papel protagonista – *Hauptrolle*
papel secundario – *Nebenrolle*

película *f Film*
película documental – *Dokumentarfilm*
película en blanco y negro – *Schwarzweißfilm*

periódico *m Zeitung*

periodismo *m Journalismus*

periodista *mf Journalist(in)*

personaje *mf Person*

perspectiva *f Perspektive*

pictórico, -a *malerisch*

piedra *f Stein*

pinacoteca *f Pinakothek; Gemäldesammlung*

pincel *m Pinsel*

pintor(a) *m(f) Maler(in)*

pintoresco, -a *malerisch*

pintura *f Malerei*
pintura a la aguada – *Aquarellmalerei*
pintura al óleo – *Ölmalerei*

plástico, -a *plastisch*

plata *f Silber*

portal *m Homepage*

prensa *f Presse*
prensa amarilla – *Sensationspresse*
prensa especializada – *Fachpresse*

procesador *m Prozessor*
procesador de texto – *Textprozessor, Textverarbeitungsprogramm*

producción *f Produktion*

productor(a) *m(f) Produzent(in)*

programa *m Programm*
programa televisivo – *Fernsehsendung*

programa *m* **de tratamiento de textos** *Textverarbeitungsprogramm*

programación *f Programmierung; Programm(gestaltung)*

programador(a) *m(f) Programmierer(in)*

propaganda *f Werbung; Publicity*

protagonista *mf Hauptperson; Hauptdarsteller(in)*

prototipo *m Prototyp*

proyección *f (Film)vorführung*

proyector *m Projektor*
proyector de cine – *Filmprojektor*
proyector de luz – *Scheinwerfer*

publicación *f Veröffentlichung*

publicidad *f Werbung; Reklame*
publicidad disimulada – *Schleichwerbung*
publicidad sobreimpresa – *Werbeeinblendung*
publicidad en TV – *Fernsehwerbung*

publicitario, -a *Werbe-*

público *m Publikum*

R

radio *f Rundfunk; (Radio)sender*
hablar por la radio – *im Radio sprechen*
radio pirata – *Piratensender*

radiodifusión *f Rundfunkübertragung*

radiofónico, -a *Radio-; Rundfunk-*
guión *m* radiofónico – *Hörspiel*
programa *m* radiofónico – *Radioprogramm*

radionovela *f Radioserie*

realizador(a) *m(f) Regisseur(in)*

recado *m Nachricht*

recepción *f Empfang; Rezeption*

red *f Netz; Internet*
red comercial – *Vertriebsnetz*

redacción *f Redaktion*

refutación *f (Gegen)argument*

relieve *m Relief*

reportaje *m Bericht*

reportero, -a *m, f Reporter(in)*

representación *f Aufführung*

reproductor *m Wiedergabegerät*
reproductor de discos compactos – *CD-Player*
reproductor de música iPod – *iPod-Player*

retrato *m Porträt*

revista *f Zeitschrift*
revista especializada – *Fachzeitschrift*
revista electrónica – *elektronische Zeitschrift*
revistas del corazón – *Regenbogenpresse*

ritmo *m Rhythmus*

rodaje *m Dreharbeiten*

rodar *drehen*
rodar una película – *einen Film drehen*

S

salsa *f Salsa (kubanischer Tanz)*

Sardana *f katalanischer Volkstanz*

satélite *m Satellit*
satélite de comunicación – *Nachrichtensatellit*
satélite de navegación – *Navigationssatellit*
satélite meteorológico – *Wettersatellit*

sección *f Teil; Abschnitt*

secuencia *f Sequenz; Reihe*
secuencia de caracteres – *Zeichenfolge*

semanario *m Wochenzeitung*

sensacionalismo *m Sensationsgier*

serie *f Serie*
serie televisiva – *Fernsehserie*
serie de artículos – *Produktreihe*

servidor *m Server*

sesión *f Vorstellung*
sesión de noche – *Spätvorstellung*

sincronización *f Synchronisation*

sinopsis *f Zusammenfassung*

sintonía *f Jingle*

sintonizar *einstellen; abstimmen*
sintonizar una emisora – *einen Sender einstellen*

sistema *m System*
sistema operativo – *Betriebssystem*

solista *mf Solist(in)*

son *m Klang*

sonar *ertönen; erklingen*

soporte *m* **de información** *Datenträger*

spot *m (Werbe)spot*

su(b)scribirse *abonnieren*
suscribirse a una revista – *eine Zeitschrift abonnieren*

subtítulo *m Untertitel*

suplemento *m Zeitungsbeilage*

surrealismo *m Surrealismus*

surrealista *mf Surrealist(in)*

T

tabla *f Tabelle*

talento *m Talent*

tambor *m Trommel*

tango *m Tango*

tapiz *m Wandteppich; Gobelin*

taquilla *f Kasse (Fahrkarten)schalter*
éxito *m* de taquilla – *Kassenerfolg*

teatro *m Theater*
obra *f* de teatro – *Theaterstück*
hacer teatro – *Theater spielen*

tebeo *m Comic(heft)*

tecla *f Taste*

teclado *m Tastatur; Keyboard*

tecnología *f Technologie*

telecomunicación *f Telekommunikation; Nachrichtentechnik*

telediario *m (Fernseh)nachrichten*

telefonía *f Fernmeldewesen*

telefonía móvil *f mobile Telefonie*

teléfono *m Telefon*
teléfono público – *öffentlicher Fernsprecher*

telenovela *f Seifenoper; Fernsehserie*

telespectador(a) *m(f) Fernsehzuschauer(in)*

teletienda *f Teleshopping*

televidente *mf Fernsehzuschauer(in)*

televisión *f Fernsehen; Fernseher*
televisión digital – *digitales Fernsehen*
televisión de pago – *Pay-TV*
televisión en color – *Farbfernseher*

televisor *m Fernsehgerät*

temporada *f Saison*
temporada alta – *Hauptsaison*

tienda *f* **electrónica** *Online-Shop*

titular *m Überschrift*
aparecer en los titulares – *Schlagzeilen machen*
ocupar los titulares – *die Schlagzeilen beherrschen*

título *m Titel*

tragedia *f Tragödie*

tragicomedia *f Tragikomik*

traje *m Anzug; Tracht, Kostüm*

trama *m Handlung*

transmisión *f Übertragung*
transmisión de datos – *Datenübertragung*

transmitir *übertragen*

trazar *zeichnen; skizzieren*

trazo *m (Feder)strich*
dibujar al trazo – *skizzieren*

trovador *m Minnesänger(in)*

tumba *f Grabstätte*

U

usuario, -a *m, f (Be)nutzer(in); Anwender(in)*
usuario de Internet – *Internetnutzer*

V

vallenato *m kolumbianischer Tanz*

versión *f Version*

vídeo *m Video; Videorekorder*

videoclip *m Videoclip*

videojuego *m Videospiel*

videoteléfono *m Bildtelefon*

vínculo *m Link*

virtual *virtuell*

virus *m Virus*

W

web *f Web*

Z

zamba *f Samba*

zampoña *f Panflöte*

V. Thematische Wortschätze – deutsches Glossar

Deutsches Glossar

A

Deutsches Glossar

Deutsches Glossar

L

Deutsches Glossar

V

W

Notizen

PONS
Texte schreiben
Spanisch

Ausgabe 2012 bearbeitet von: Ira Knabbe

Entwickelt auf der Basis des
PONS Texte schreiben Spanisch 2008
ISBN 978-3-12-517774-1

Bearbeitet von: María Carmen Almendros de la Rosa, Torsten Drever, Kirsten Fenner, María-Amparo Marco-Gómez, Stefanie Strauß, Belinda Patricia Valencia Maya, Verónica Ojeda Cenzano de Weinstein

Kostenlose Hördateien im MP3-Format zu diesem Titel finden Sie unter:
www.pons.de/texte-schreiben-spanisch

PONS Produktinfos und Shop: www.pons.de
E-Mail: info@pons.de
PONS Online-Wörterbuch: www.pons.eu

1. Auflage 2012 (1,02 – 2013)

Projektleitung: Ursula Martini

Einbandentwurf: Tanja Haller, Petra Schnur, Stuttgart
Logoentwurf: Erwin Poell, Heidelberg
Logoüberarbeitung: Sabine Redlin, Ludwigsburg
Satz: Satzkasten, Stuttgart
Druck und Bindung: Print Consult GmbH, München

ISBN 978-3-12-517777-2